Different stages —
1911 — 1991

Gabriel Celaya:
Poesía

Introducción
y selección
de Angel González

El Libro de Bolsillo
Alianza Editorial
Madrid

Primera edición en "El Libro de Bolsillo": 1977
Quinta reimpresión en "El Libro de Bolsillo": 1994

© Herederos de Gabriel Celaya
© De la introducción y selección: Angel González
© Alianza Editorial, S. A., Madrid, 1977, 1979, 1981, 1984,
   1988, 1994
   Calle Juan Ignacio Luca de Tena, 15; 28027 Madrid; teléf. 741 6
   ISBN: 84-206-1670-2
   Depósito legal: M. 23.929-1994
   Compuesto en Fernández Ciudad, S. L.
   Impreso en Lavel, S. A., Pol. Ind. Los Llanos
   C/ Gran Canaria, 12. Humanes (Madrid)
   Printed in Spain

La obra poética de Gabriel Celaya aparece a la vez en-
turbiada y destacada por su estrecha vinculación a la ten-
dencia que animó la vida literaria española en los últimos
años cuarenta y en la década de los cincuenta: me estoy
refiriendo a la indebidamente —y quizá definitivamen-
te— llamada _poesía social._ Si bien se piensa, nada tiene
de extraño que el interés y la polémica se hayan despla-
zado desde la tendencia general hasta la personalidad
concreta de uno de los poetas que con más decisión y
lucidez —en un momento caracterizado por la pasividad,
la represión y el oscurantismo— asumió el intento de en-
lazar la literatura viva de la España de posguerra con
otras corrientes europeas ya prestigiosas —aunque a pun-
to de dejar de serlo—: el arte comprometido y el realis-
mo socialista. El intento no era nuevo, ni siquiera entre
nosotros. Durante el período más propicio y esperanza-
dor de la segunda república, poetas como Prados, Alber-
ti y Serrano Plaja apuntaban ya, de manera inequívoca, a
metas semejantes. Pero a esa incipiente tradición no se
le permitió cruzar el hondo foso que la guerra civil abrió

7

en el panorama cultural español del siglo XX. Terminada
la guerra, habrá que esperar todavía algunos años para
que otros poetas, sin apenas contacto con el pasado o,
mejor dicho, apoyándose en un pasado sólo de ruinas,
vuelvan a intentar la reinvención —más que la reanuda-
ción— de esa tradición destruida, cuya presencia era en
aquel tiempo más necesaria que nunca.

Tal historia —que es ya Historia— ha sido contada de
muchas maneras, y si ahora la repito es porque ese mo-
mento coincide con el surgimiento del poeta Gabriel Ce-
laya, y lo propicia como a uno de sus grandes protago-
nistas.

Noticia de tres personajes

Hasta entonces, Gabriel Celaya había sido Rafael Mú-
gica, ingeniero industrial y poeta, bien entrenado en el
ejercicio de una escritura lírica que se movía entre la van-
guardia y la pureza, dos admirables ideales artísticos in-
servibles de hecho en 1940. Luego, sin afectar todavía a
la existencia del ingeniero Rafael Múgica, el personaje
poético se metamorfoseó en Juan de Leceta, escritor bur-
gués en el mejor sentido que la Historia le ha conferido
al término —quiero decir: urbano, realista, escéptico,
vital, especulador, rebelde e individualista. Pero su
tiempo no era el de la revolución burguesa. Lo que se ve
muy claro en los poemas de Juan de Leceta es esa inade-
cuación: el personaje no entiende la situación social, hu-
mana, en la que se mueve. Tampoco le gusta. Se siente
además, aislado; un aislamiento que, en lo que a la litera-
tura se refiere, hay que atribuir por partes iguales a la
opacidad del contexto y a la originalidad de sus propios
planteamientos. Incapaz, por tanto, de modificar su cir-
cunstancia, mal dotado por su vitalismo para las actitu-
des elegíacas, y por su civismo para las soluciones cínicas
acomodaticias, a Juan de Leceta sólo le quedaba una
salida: cambiar él mismo. Y el cambio —conservando

únicamente algunas viejas características, como la rebel-
día— fue totalizador. Al fin y al cabo, la rebeldía bien
entendida debe empezar frente a uno mismo. En conse-
cuencia, Gabriel Celaya, la nueva personificación del
literato, derrocó de un solo golpe de audacia al ingeniero
Múgica y al poeta Leceta, suplantó simultáneamente al
ciudadano empadronado y al personaje anterior. Gabriel
Celaya no va a ser sólo otro escritor, sino también otro
hombre real, avecindado en una ciudad distinta, movido
por otro amor, dedicado a otras actividades, sustentando
otras ideas y creencias. Los cambios de voz poética son
frecuentes, pero es muy raro que repercutan de modo tan
decisivo en el Registro Civil. No creo que la literatura
ofrezca muchos ejemplos de una mutación tan radical y
sincera. On bla - -

A partir de ahí, la evolución de Gabriel Celaya hacia
la estética del compromiso parece inevitable. El nuevo
personaje, motivado por el acto de rebeldía del que na-
ció, estaba en condiciones de vivir su circunstancia de
manera diferente; incluso puede decirse que, por el mero
hecho de ser «otro», la circunstancia quedó automática-
mente modificada —al menos respecto a él. La pri-
mera consecuencia del cambio fue la superación de la
soledad. El individualismo dubitativo e insatisfecho de
Juan de Leceta se transforma al fin en un ancho y firme
sentimiento solidario. Del aislamiento, Celaya pasa a la
participación, dejándose arrastrar y a la vez impulsando
la corriente de lo que se ha dado en llamar «poesía so-
cial», que él va a llevar a las posiciones más radicales,
finalmente y simultáneamente compartidas por otros mu-
chos escritores: poesía al servicio de algo, concebida —en
sus propias palabras— como «un arma cargada de futu-
ro», como una «herramienta para transformar al mundo».
Y aunque el desplazamiento en esa dirección no es lineal
ni directo, por encima de las vacilaciones y los retroce-
sos de su discurso no es difícil percibir el decidido pro-
greso de su obra desde la duda inicial al punto de má-
ximo compromiso social-político marcado por la extensa
cantata Lo demás es silencio (1952), y confirmado en

Cantos Iberos (1955). En ese desarrollo, las aportaciones mutuas que van desde la tendencia al poeta y desde
el poeta a la tendencia son decisivas para ambas partes.
Gabriel Celaya influye sobre la poesía de su tiempo tanto, por lo menos, como su tiempo influye sobre su poesía. Puede decirse, sin temor a incurrir en exageración,
que la poesía de Gabriel Celaya «hace época», raro privilegio que lleva implícitas no pocas servidumbres; porque *el modo* que fatalmente se convierte *en moda*, y la
influencia que desemboca en la imitación, acaban diluyendo las novedades y magnificando en la copia los puntos
más débiles del original. El celayismo y su contrapartida
el garcilasismo no son más que manifestaciones del mismo proceso corruptor que se desencadena a partir de la
obra de los autores más innovadores o más adecuados a
las necesidades históricas, proceso que suele volverse en
contra de la causa que lo origina.

Gabriel Celaya, treinta años después (de Juan de Leceta)

Es ésa, por otra parte, una amenaza transitoria. Las
excrecencias del mimetismo resisten mal el paso del tiempo, no aguantan los cambios, por mínimos que sean, de
sensibilidad y de temperatura cultural. Lo «social», entendido como moda y manera, se diluyó pronto en el olvido
ante la presencia de actitudes y tendencias nuevas. Ahora, cumplido ese proceso, la poesía de Gabriel Celaya
aparece libre de las adherencias —y también de las polémicas— que en gran medida la enturbiaban, puede ser
juzgada con mayor objetividad, contemplada en lo que
realmente es, y considerada desde puntos de vista diferentes. En la actualidad, a las nuevas perspectivas que
su obra ofrece corresponde un renovado interés por parte de los lectores. Las cada vez más frecuentes reediciones de viejos títulos de Gabriel Celaya muestran que su
poesía interesa más, tiene un público más numeroso y fiel
tras la decadencia y extinción de la tendencia «social»
que durante los años de su expansión y predominio.

Y esto es así, a mi modo de ver, por varias razones. Primero, porque la obra de Gabriel Celaya desborda con amplitud, por todos los costados, el estrecho terreno en que la poesía social ha sido confinada tanto por sus detractores como por la mayoría de sus cultivadores. En segundo lugar, por las novedades efectivas que la poesía de Celaya presenta, en el plano de la expresión y en el del contenido: hay en ella una suerte de profunda originalidad en los planteamientos básicos —quizá previos al poema, pero integrados y perceptibles en él—, que ni la moda ni los imitadores fueron capaces de desgastar. Y, finalmente, por las mismas y variadas nociones que la poesía de Celaya *comunica,* y por *el tono* de apasionada sinceridad con que el texto se expresa.

Creo que estas puntualizaciones merecen una consideración más atenta.

Lo social, y todo lo demás

Una simple ojeada, aun superficial, a sus obras completas, e incluso a esta antología, basta para comprobar que la poesía de Celaya supera generosamente los límites de lo que fue, de hecho y entre nosotros, la «poesía social». La acumulación, en un solo volumen, de personajes tan distintos como Múgica, Leceta y Celaya, determina en sí misma una rica variedad de temas y de estilos, que se reproducen y multiplican en el tortuoso camino de ida y vuelta, hacia y desde la rigurosa posición comprometida. En tan largo despliegue de poemas, los rasgos románticos, existencialistas, surrealistas y vanguardistas no son menos perceptibles que los *social-istas.* En realidad, la obra de Celaya se presenta como una gran síntesis de casi todas las preocupaciones y estilos que forman el entramado de la poesía española del siglo xx. La huella de personalidades tan dispares como (por ejemplo) Unamuno, Guillén o Aleixandre puede detectarse aquí y allá, a lo largo de su extensa producción en verso, en la que se dan cita, sin desvirtuar su decidida vocación realista, las imá-

genes futuristas y las visiones surrealistas, vitalizando y
nutriendo una escritura que se esfuerza en incorporar todo
lo que la tradición pone al alcance de su mano. Lo que
ocurre es que, en determinado momento de su evolución,
una visión dialéctica del hombre y de la Historia, que debe
mucho a algunas concepciones marxistas, informa hasta
los poemas más alejados, por su temática, de su posición
comprometida. En ese sentido, puede decirse que su mun-
do es coherente; nunca que es limitado. Sin duda, Cela-
ya es un profundo conocedor de la poesía de su tiempo
—y no sólo de la española—, y no debemos olvidar que
su tiempo es también el de la experimentación y la van-
guardia y el de la politización del arte, el de la revolu-
ción en la literatura y el de la literatura al servicio de la
revolución. Y todo ello, acarreado por su inagotable cu-
riosidad intelectual, ha sedimentado con efectos muy di-
versos en su trabajo creador.

El poeta en su contexto

Para entender la originalidad del poeta Gabriel Celaya
es preciso hacer una referencia a lo que fue la poesía es-
pañola en la inmediata posguerra. En último extremo, la
originalidad es una cualidad que sólo se advierte por con-
traste con «los otros», situando una creación personal
en el contexto más amplio de las obras de sus contempo-
ráneos.

Refiriéndose al período previo a la guerra civil, Luis
Cernuda habló de su aspiración a «decirlo todo en el poe-
ma, frente a la mezquina limitación de aquello que en los
años inmediatamente anteriores se llamó poesía pura».
Creo que la frase, al margen de posibles y convenientes
matizaciones, sirve para definir la ambición que genera-
ba la obra de la mayoría de los jóvenes poetas al llegar
el año 1936. En 1940, la presencia (en gran parte la au-
sencia) de una tradición gravemente mutilada y la pre-
sión de una situación histórica muy peculiar, producen
una respuesta poética de signo radicalmente opuesto. A

partir de 1940, el poeta pretende (dicho con versos de
Leopoldo Panero) «más que decir palabras (...), estar ca-
llado dentro del verso, estar callado». No se trata de una
actitud personal, ni siquiera generacional, sino de algo
mucho más amplio: esa ambición unifica a la gran mayo-
ría de la poesía de una época, configura el tipo común de
poeta de la posguerra civil, hace que las casi siempre du-
dosas diferencias establecidas en función de las generacio-
nes pierdan, en ese momento, todo sentido. Gerardo Die-
go, por ejemplo, cierra filas con los poetas más jóvenes
en la larga procesión del silencio, cuando escribe en 1951:
«callar, callar (...) / para que la palabra no destrone /
mi más hondo silencio verdadero». Sin duda, ese rasgo
uniformador procedía del deseo, en unos casos patético
y en otros cómplice, de negar el mal, de rechazar las im-
perfecciones de la vida —el sufrimiento, la injusticia, la
muerte. Pero cuando tales aspectos negativos se dan
en la realidad en dosis desproporcionadamente grandes, la
negación de la parte indeseable supone la negación del
todo. Así, la poesía española de posguerra se presenta en
bloque, unánime, repetida, monótona, como un gran re-
chazo de la vida inmediata, de lo que la vida tiene de
histórico y actual, en su conjunto. El espíritu selectivo,
la interiorización, el intimismo, la reducción de la circuns-
tancia del personaje poético a su ámbito doméstico, la
vuelta al pasado, el refugio en la intrahistoria, Dios, son
los más frecuentes y compartidos puntos de apoyo sobre
los que se monta la gran retirada de los diez mil poetas
garcilasistas y asociados del campo de la realidad. Y ese
singular repliegue (que coincidía con la inescapable evi-
dencia y la agresividad feroz de aquello que se pretendía
evitar) repercute directamente en el plano de la expresión:
el formalismo, la «primavera del endecasílabo», la reapa-
rición, como influencia dominante, de la hasta entonces
olvidada presencia de Unamuno, el tono elegíaco y eva-
nescente del Machado de las *Soledades*, el ruralismo, toda
la imaginería reconocible a primera vista como pertene-
ciente a los dos poetas citados, y otros rasgos estilísticos
del mismo signo que sería ocioso enumerar aquí, proce-

desire

den también de ese anhelo, configurador asimismo del marco más amplio que encuadra la entera poesía del período: _la religiosidad;_ una religiosidad que es sólo derivación fatal de la necesidad de negar el mal y la muerte y que, dictada por la «mala conciencia» o incluso por la «mala fe» antes que por la fe a secas [1], viene a ser como la otra cara de la misma moneda con la que se trataba de comprar el escamoteo del tiempo presente, el ilusorio alejamiento de la vida. Dámaso Alonso y Vicente Aleixandre serán los primeros en romper parcialmente, en libros excepcionales, ese monótono panorama. Dámaso Alonso clama al cielo, y explica el por qué de su horror ante el tiempo histórico inmediato; su poesía, sin dejar de ser religiosa, tiene el entonces extraño valor de una revelación, de una denuncia. Vicente Aleixandre se evade hacia un tiempo pasado, hacia la sombra de un perdido paraíso, tal vez movido también por el deseo de evitar el inhabitable presente; pero en ese desplazamiento no se advierte mala conciencia ni la consiguiente religiosidad, sino una profunda pasión, igualmente insólita, por el hecho elemental de la existencia.

Sobre ese fondo monótono, sobre ese friso compuesto (con las importantes excepciones apuntadas) por variantes de la misma figura, la personalidad de Celaya se destaca con perfiles y actitudes inconfundibles. Mientras el impulso de rechazo daba sentido evasivo y carácter religioso a toda la poesía de la posguerra inmediata, la obra de Gabriel Celaya (o de Juan de Leceta) surge en aquellos años como organizada alrededor de un núcleo de obsesiones de significado opuesto; es, desde el principio, una poesía diferente, concebida en torno al aquí y al ahora, una poesía de integración total de lo inmediato, de la que quedan excluidas las preocupaciones trascendentes derivadas del ansia de eternidad. Al igual que la de Dámaso Alonso, es reveladora de un mundo caótico e injusto;

[1] La conciencia del mal engendra _mala conciencia,_ como cualquier cristiano sabe, cuando el mal (o el pecado) no se confiesa. Y esa mala conciencia degenera en _mala fe_ si el mal no sólo no se confiesa, sino que se niega.

como la de Aleixandre —y no hay incompatibilidad en ello—, muestra la belleza de un mundo hermoso, pensado con sensualidad y pasión, sin conciencia de culpa o de pecado. La mala conciencia aparecerá después, pero tampoco derivará en actitudes religiosas, sino social-políticas; pues será experimentada, simplemente, como *conciencia de clase,* sin ninguna implicación de orden metafísico. Pero eso vendrá, como digo, después. Ahora me interesa detenerme en ese momento «pre-social» que los poemas de Leceta representan, momento en el que la originalidad de Celaya se define con rasgos más vigorosos y con efectos más saludables y renovadores en el proceso de nuestra poesía contemporánea.

Originalidad de Juan de Leceta

En 1947, Juan de Leceta publica su primera entrega de versos bajo un título que ya enuncia todo un programa poético en lo que tiene de connotador de un tono y un estilo: *Tranquilamente hablando.* Los cuatro poemas que abren el libro exponen una estética personal que se opone, punto por punto, como un riguroso contracanto, a la melodía entonces entonada al unísono: «No quisiera hacer versos» —dice Leceta—; «quisiera solamente contar lo que me pasa, / (…) / escribir unas cartas destinadas a amigos». El lenguaje directo y coloquial, el antiformalismo, la voluntad de nutrir el poema con sustancias tomadas de la realidad, el explícito afán comunicativo, la reducción del mito de la escritura poética a gestos cotidianos, familiares —*contar lo que me pasa, escribir cartas*—, le dan ya, de entrada, calidades insólitas, sorprendentes, al libro. Hay que tener en cuenta —insisto— el idealismo, la artificiosidad y el formalismo dominantes en la España de 1947 para entender la originalidad de la voz de Leceta; él es un raro poeta que «no quisiera hacer versos», sin duda porque sabe que ése era, en su día, un ejercicio en la futilidad: «tengo compañeros que escriben poemas buenos / (…) / y todos me

ocultan lo único que importa». Celaya-Leceta, aunque
no quisiera, acabará escribiendo versos, muchos versos,
pero no será para repetir lo que hacen todos, sino para
contradecirlo: «yo que me repudro (...) / no puedo ca-
llarme, / no puedo aguantarlo / digo lo que quiero / y
sé que con decirlo sencillamente acierto».

Por otra parte, al individualismo intimista dominante,
Leceta opone otra clase de individualismo, más evidente
y agresivo, incluso escandaloso precisamente porque tam-
bién es distinto; es el suyo un «yo» que se exalta y se de-
nigra, se exhibe y se borra, se autocontempla y —extra-
ño Narciso— no se gusta. Como antecedente más próxi-
mo puede citarse otra vez al Dámaso Alonso de *Hijos de
la ira,* complacido en declarar que, entre todos los mons-
truos circundantes, «ninguno es tan horrible / como este
Dámaso frenético». Pero el personaje Dámaso se presen-
ta, de acuerdo con los versos citados, como un ser excep-
cional, incomparable en horror, especialmente señalado
por el dedo de su Dios. No así Leceta; esa voz que oímos
«tranquilamente hablando» hace gala de un subjetivis-
mo curiosamente matizado: sabe que tiene, ante todo,
valor de síntoma generalizable, no define al «yo» único,
exquisito o monstruoso, que la tradición romántico-mo-
dernista atribuye al prototipo de «El Poeta»: «Hablo de
nosotros» —puntualiza Leceta—, «que no somos senci-
llos, pero sí vulgares»; el personaje poético se identifica
con los demás «en la tierra (...) que une», y se reconoce
en el lector «pequeño, pequeño, (...) tan igual a mí». Par-
tiendo de esa explícita semejanza entre poeta y lector,
éste se ve forzado a considerar el poema como un reflejo
de sí mismo, como su propia imagen. De ese modo, el
poema impone una lectura muy particular, deja de ser
la contemplación de gestos ajenos, está más cerca de los
actos de posesión que del exorcismo o de la catarsis —y
por supuesto, muy lejos del escapismo a la moda.

Una vez definidos dentro del verso el personaje y sus
propósitos, los poemas de Juan de Leceta incorporan un
mundo total, sin seleccionar, en el que se mezclan el
amor, las noches cálidas, junio largo y sedante, las golon-

drinas, la rosa giratoria, las velocidades puras del iris y del oro y otras sustancias eminentemente líricas, con realidades prosaicas, habitualmente excluidas del poema: máquinas de coser, barrigas hinchadas, bigotes furibundos, olor a vaquería, agrios bocinazos... Para el poeta «todo vale la pena». Y lo que le importa es «este aquí y ahora mismo que me dice inflexible / que yo soy un error y el mundo es siempre hermoso».

Como se ve una vez más, el subjetivismo de Leceta está impregnado de un dinámico escepticismo que todo lo relativiza. Incluso el propio «yo» del poeta se vuelve difuso cuando se contrasta con «el mundo siempre hermoso». Tal definición del mundo, en cualquier caso, es comprometida, y puede parecer un tanto incoherente si pensamos en lo que acababa de suceder y estaba sucediendo en 1945 y 1946, años en los que esos poemas están fechados. Por declarar más o menos lo mismo —«el mundo está bien hecho»—, Jorge Guillén tuvo que soportar un chaparrón de apasionadas y ceñudas reconvenciones. Pero quizá convenga precisar que Leceta no se refiere a la hermosura de un *estado* del mundo —aunque a veces diga: «todo está bien, / todo es justo y bello»—, sino a la belleza elemental de la esencia de la vida. El estado en que el mundo se encuentra no puede ser más caótico, y eso queda claro desde el primer verso de *Tranquilamente hablando:* «puede reírse del mundo / con sus mandíbulas, con sus huesos, / su esqueleto batiente de rabia seca y dura». Sin embargo, *pese a todo* —«pese al odio, al cansancio, las lágrimas, los dientes»—, Celaya-Leceta se esfuerza por superar las actitudes negativas: «hablo sin tristeza (y no porque esté alegre)», afirma en el poema titulado *Hablo de nosotros,* dejando traslucir un velado tono de melancolía —una melancolía decididamente rechazada: «Pero es igual; deliro».

Nada debe extrañarnos su entusiasmo; es la consecuencia natural de una actitud opuesta por el diámetro a la que determinaba la obra de los poetas españoles de su tiempo: para Leceta, el reconocimiento de la presencia de la muerte y del mal exige esa apasionada afirmación de la vida y de la realidad. Entre tanto lamento impostado y tantas ocultaciones en verso, su voz se percibe como un vibrante y afirmativo estímulo, que es a la vez revelación de un radical desorden: «Hay una alegría —vivir— que envuelve y junta / mis penas, mis errores, mis risas y mi miedo».

La existencia no se plantea en función de una disyuntiva *vida o muerte;* está vista como un conglomerado que agrupa —«envuelve y junta»— *vida y muerte, horror y alegría,* en una sola realidad indivisible. El reconocimiento y aceptación de un miembro, exige el mismo comportamiento respecto al otro. Esto, que aproximadamente es siempre cierto, resultaba especialmente verdadero en la España de posguerra. No es una casualidad que en 1947, el mismo año en que Leceta se presenta al público, otro poeta entonces muy joven y casi recién salido de la cárcel, haya publicado un libro titulado *Alegría,* que parece desprendido del mismo impulso central que motiva la escritura de Celaya-Leceta: la aceptación apasionada del mundo en su integridad, *pese a todo* —o el esfuerzo para aceptarlo—. «¡Alegría en nombre de la vida!», exclama José Hierro en sus poemas; y explica la razón de su entusiasmo: «Somos alegres porque estamos vivos»; solamente por esa simple y —en la España de los años cuarenta— asombrosa razón. Pero nadie se llame a engaño: en la misma estrofa en la que se reconoce cantor embriagado de la vida, el poeta muestra el reverso de la alegría «la herida / de amargura y de sangre hasta los bordes llena».

Esa doble comprensión del mundo, esa aceptación total de la realidad, de «lo uno y lo otro» —como dirá Celaya en el título de una de sus novelas—, informa la actitud nueva que Leceta y Hierro exponen al mismo tiempo en la poesía española contemporánea. Después, no mucho tiempo después, la afirmación de la alegría y de la esperanza va a ser considerada como un deber moral del artista, y serán muchos los poetas que, siguiendo una consigna tácita, se entreguen a la tarea de crear «al hombre nuevo cantando» en coro. Pero entonces (año 1947)

tanto en Celaya como en Hierro, ese canto vital y paté-
tico, exaltado y dolorido, respondía sólo a las exigencias
de un sentimiento personal, estaba siendo inventado, vi-
vido, creado a imagen y semejanza de experiencias indi-
viduales, verdaderas y todavía inéditas en verso —aunque
al mismo tiempo muy comunes en la realidad; y eso ex-
plica también el orfeón que se organiza a partir de las
primeras voces solistas.

El hecho de la coincidencia indica la legitimidad y la
necesidad del planteamiento. La aparición en el mismo
año de dos libros como *Tranquilamente hablando* y *Ale-
gría* no es producto del azar, ni supone mengua alguna
en la originalidad de sus autores. Aunque comparten en
lo esencial una manera de ver la vida, el modo de experi-
mentar, desarrollar y exponer su visión es muy diferen-
te. Como Alarcos Llorach recuerda, «la poesía no consis-
te en lo que se nos comunica, sino en cómo se nos comu-
nica». En el caso concreto de los dos libros citados, *lo que*
se nos comunica está condicionado por la situación antes
que por el contexto —entendiendo ahora por contexto
la tradición literaria en un sentido amplio—; el *cómo,* en
cambio, depende del contexto más que de la situación.
Mientras Leceta tiene, por ejemplo, una deuda mayor con
el surrealismo que con el modernismo, con Neruda que
con Juan Ramón Jiménez, a Hierro le sucede lo contra-
rio. Así, pues, sobre las inevitables peculiaridades que se
derivan de la particular manera de vivir una circunstan-
cia compartida, inciden sustanciales presiones expresivas
de orden diverso para configurar poéticas claramente di-
ferenciadas. Después de afirmar lo que hay en común en
el impulso que las determina, hay que dejar bien sentado,
para no mentir, que de hecho la poesía de Celaya y la
de Hierro no se parecen en nada, ni en la expresión ni en
el contenido.

Por todo lo dicho, la irrupción de Celaya-Leceta en el
esclerotizado y anémico panorama de la literatura espa-
ñola de posguerra obró como un revulsivo saludable, abrió
caminos, señaló inéditas posibilidades, planteó una opor-

tuna alternativa respecto al artificioso panorama al que se oponía. En ese sentido, Celaya viene a ser uno de los eslabones más consistentes que enlaza la poesía de los años cincuenta con algunas de las corrientes culturales y estéticas rotas por la guerra civil; estimula y facilita un —en su tiempo— entendimiento diferente del fenómeno de la creación poética. Por su experiencia directa de la cultura proscrita —años de convivencia en la madrileña Residencia de Estudiantes con los intelectuales fusilados, exiliados o silenciados a partir de 1936—, estaba en inmejorables condiciones para cumplir esa función. En la creencia de que mi testimonio sirve para ejemplificar una situación general, quiero decir que, para mí, la lectura de la poesía de Celaya resultó extraordinariamente enriquecedora; en ella aprendí que no hay objetos específicamente poéticos, que en el verso tienen cabida no sólo los arcángeles, las rosas y los crepúsculos, sino también todos los prosaicos atributos y artefactos del hombre; posibilidad que más tarde me confirmarían otros poetas, pero que entonces, en el opresivo y depauperado clima cultural de la posguerra, era inimaginable. En ese sentido, Celaya es una figura imprescindible para explicar la poesía española de nuestro tiempo.

Entre el mito de la libertad
y el mito de la responsabilidad

Detrás de la poesía del primer Celaya está el mito generador de toda una literatura: el mito que Northrop Frye llama *de la libertad*, y que se deriva de la tendencia hacia —empleando la terminología del crítico americano— «la verdad de correspondencia», o «disposición correlativa de una serie de palabras o cifras con un cuerpo de fenómenos externos». Frente al otro mito básicamente conservador *de la responsabilidad* —al que se opone dialécticamente y del que forma parte—, el *mito de la libertad* engendra actitudes anti-rituales y socialmente críticas que conducen a la denuncia de la hipocresía, d la corrupción, del fracaso en la adaptación a las normas, y de otras inadecuaciones entre la realidad y el ideal; su difícil notoriedad, cuando se produce, se debe «a un poderoso aliado: la verdad de correspondencia revelada a través de la evidencia y la razón» [2].

La obra de Celaya encaja perfectamente en el esquema trazado por Frye. En su evolución hacia la llamada poesía social, pasará a expresar, arrastrada por el carácter dialéctico de la fuerza que la mueve, el opuesto *mito de la responsabilidad,* un mito que pretende «mantener unida a la sociedad, en la medida en que las palabras pueden servir para eso». La poesía de Celaya no debe referirse, naturalmente, a la sociedad establecida y organizada en torno al Estado, sino a otra sociedad no menos real que el Estado violenta y oprime. Por esa razón, en su caso concreto, a pesar de los rasgos tradicionales y conservadores dominantes en el *mito de la responsabilidad* —también perceptibles en Celaya: recuperación del noventayochista «tema de España» en *Cantos Iberos,* utilización de viejísimas fórmulas de cultura oral o preliteraria en *Baladas y decires vascos,* etc.—, su contenido es esencialmente revolucionario. En esa poesía al servicio de algo, Celaya ya no será, como Leceta, un solitario, ni como personaje poético ni como autor: otras voces —algunas muy brillantes y originales: Otero, Nora— le acompañarán en su entrega. En cualquier caso, la influencia personal de Celaya en la cristalización de la tendencia comprometida fue, como dije, decisiva.

Actualización de la originalidad

De acuerdo con lo que afirma la crítica formalista, sólo la experiencia de la literatura —es decir, la lectura

[2] Northrop Frye: *The Critical Path. An Essay on the Social Context of Literary Criticism.* Indiana University Press, Bloomington, 1973. Frye habla del *Myth of concern,* que yo he traducido por *mito de la responsabilidad.* Todas las palabras entrecomilladas en este párrafo y los siguientes pertenecen al capítulo dos de ese libro.

del texto— puede explicar a la literatura: nunca la Historia. Sin embargo, esa verdad no debe hacernos olvidar que la literatura forma parte de la Historia, es Historia ella misma. En estas notas, en las que he dedicado tal vez demasiada atención a lo histórico, no he pretendido explicar lo que es la variada y extensa obra de Gabriel Celaya: los poemas que siguen le dirán eso al lector mejor que cualquier comentario mío. Lo que he pretendido, simplemente, fue indicar alguno de los rasgos originales que la individualizan dentro del panorama general de la literatura entre la que surge, y que aclaran en parte su decisiva influencia en la poesía española de un largo período. Se equivocará quien piense que, al situarla en su riguroso contexto, al presentarla como «palabra en el tiempo», estoy confinando la obra de Gabriel Celaya en el pasado, reduciéndola a su —por otra parte innegable— trascendencia histórica. Ya he apuntado que el paso de los años no ha hecho más que confirmar la resistencia y la actualidad de esa poesía, cuya diversidad temática y expresiva se percibe mejor ahora que en su momento, cuando «lo social», entendido de manera muy estrecha, constituía el baremo obsesivo que determinaba en gran medida aceptaciones y rechazos, incondicionales filias y fobias.

Por otra parte, no todo lo histórico se queda en la Historia; la originalidad, concretamente, suele trascender del marco temporal en el que se advierte —y en eso se diferencia de la modernidad—. Si bien es una virtud que se manifiesta por contraste con un contexto específico, forma también parte del texto que la expresa, es algo que —en el caso de Gabriel Celaya, al menos— vibra todavía en él, irradiando una convincente *impresión de sinceridad* aun después del desvanecimiento del contexto. Esa información indirecta se refiere a lo que el acto creativo tiene de hallazgo, da noticia de una cualidad de la mano que inventa: lo que hay de personal en su escritura, de lucha para expresar lo no dicho, todo lo que le confería originalidad, en suma, comporta una actitud emotiva definidora de (y definida por) *un tono* permanente,

muy importante para intensificar las nociones que la poe-
sía de Celaya comunica.

En la medida en que Celaya y Leceta son, en prin-
cipio, «personajes», cabe la posibilidad de que la since-
ridad comunicada sea ficticia —algo que personalmente
no creo y que, además, no importaría—. Pero el hecho
de que el personaje Celaya haya llegado a suplantar al
autor, contribuye a borrar las fronteras que separan la
ficción de la realidad, y tal vez repercuta en el texto,
por caminos que el puro análisis lingüístico no ha logrado
todavía definir, para autentificar la noción de sinceridad
que desprende.

Ya sé que la sinceridad, ese espejismo romántico, no
es un valor que goce de mayor consideración por parte
de los críticos de hoy día. A alguno de esos críticos
convendría recordarle, parodiando a Hamlet, que hay
muchas más cosas en la prosa y en el verso que las que
puede soñar su torpe filología. Además, y por fortuna,
Celaya no pertenece a la estirpe —ahora tan frecuente—
de los poetas que escriben para los críticos. Al contrario
que el artista deshumanizado y elitista definido por
Ortega y Gasset, él escribe para «los hombres en gene-
ral». Y para ellos, muchos de los valores que la crítica
formalista desconoce constituyen algunos de los estímu-
los centrales de la lectura. En general, los hombres
—usando la misma metáfora que Ortega emplea— se
acercan a las ventanas no para mirar un vidrio, sino para
ver el jardín que hay detrás de los cristales. La poesía
no tiene por qué ser una vidriera policromada: también
puede ser, como Juan Ramón Jiménez quería, «la trans-
parencia, dios, la transparencia».

Eso es la poesía de Gabriel Celaya: acto de conoci-
miento, que transparenta una *verdad de correspondencia,*
que está pensada y sentida como comunicación tanto
como expresión, que surge de la imaginación y también
de la razón y del sentimiento, «las dos formas» —para
Antonio Machado— «de la comunión humana». En una
poesía así sentida y así leída, el tono de sinceridad —o

sea, la originalidad, en último extremo— no es precisamente un rasgo expresivo superfluo.

Si antes afirmé que la obra de Celaya desborda generosamente los límites de lo que fue la poesía social entre nosotros, ahora es el momento de decir las cosas de otro modo; porque esas cualidades que acabo de enumerar califican de social, en un sentido amplio y hondo, a toda la poesía que Gabriel Celaya ha escrito hasta la fecha. También ellas pueden servir para explicar, al menos en parte, la causa de su universalidad y de su permanente actualidad a lo largo de los años transcurridos desde que Juan de Leceta publicó, en 1947, su primer libro de versos.

Nota a la selección de poemas

La selección recoge poemas de dieciocho libros, publicados entre 1935 y 1976. Al prescindir de muchos de los títulos de Gabriel Celaya, he intentado dar mayor relevancia a las tendencias y actitudes fundamentales que aparecen en el largo proceso evolutivo de su obra, cumplido hasta la fecha en un período de más de cuarenta años, y jalonado también por más de cuarenta libros de versos —sin contar reediciones y volúmenes antológicos—. La pretensión de reflejar tal proceso punto por punto —libro por libro— en un espacio necesariamente limitado, hubiese convertido en una reducción al absurdo la presentación, que yo quisiera convincente y coherente, de la que en mi opinión es su poesía mejor y más representativa. A continuación enumero los títulos en los que esta selección se basa, y expongo algunas de las razones que me han movido a elegirlos.

La antología se inicia con poemas firmados por Rafael Múgica, fundamentalmente con poemas pertenecientes a dos libros: *Marea del silencio* y *La soledad cerrada* —también hay unos ejemplos de *La música y la sangre*—. Creo que esos libros merecen mayor atención y espacio que el que hasta ahora les otorgaron lectores, antólogos y comentaristas. Rafael Múgica nos proporciona un dato imprescindible para conocer la prehistoria de Gabriel Celaya, e incluso los primeros capítulos de su historia; explica en gran medida lo que, andando el tiempo, el poeta será y dejará de ser.

Marea del silencio está fechada en 1932-1934. Obra escrita durante la estancia de su autor en la Residencia de Estudiantes, no es de extrañar que en ella se perciban fielmente los ecos de la poesía mejor y más viva de su tiempo. Se trata, antes que de otra cosa, de un trabajo de asimilación de todo lo que vibraba en el entorno, es un ejercicio, una experimentación con las posibilidades —muchas y muy diversas— de creación lírica que el período ofrecía. *Marea del silencio* parece exponer por orden cronológico los resultados de tan sistemática exploración. En la parte primera se advierte la influencia de Juan Ramón Jiménez —algunos poemas, como el que comienza con el verso «Tarde malva y oro...», se leerían sin extrañeza dentro de un libro del poeta de Moguer—. En las partes II y III abundan elementos —esquemas métricos y rítmicos, mitos, imágenes— pertenecientes al mundo de Lorca, combinados con ángeles albertianos y metáforas gongorinas —«plaza: soledad cuadrada»—. Referencias al mundo urbano y moderno aparecen con frecuencia en asociaciones irracionales que son a la vez juego y sorpresa, advirtiendo al lector que la experiencia ultraísta ha sido también asimilada por el joven poeta. Las estatuas, la luna, los espejos, dan fe de una aspiración a la pureza y a la irrealidad, muy dentro del gusto dominante en los años inmediatamente anteriores. En la parte IV Rafael Múgica se pone al día, sintoniza con la tendencia última y más caracterizadora del momento: el surrealismo. No es el suyo un surrealismo de escuela, sino un surrealismo relativamente próximo en sus resultados a libros como *Sermones y moradas,* de Alberti, o *Residencia en la tierra,* de Neruda; y también ya, en algunos rasgos expresivos, al propio Gabriel Celaya.

En conjunto, la figura que el poeta compone en *Marea del silencio* no concuerda con la más divulgada y famosa del Celaya social de los años cincuenta. Pero esa afirmación hay que hacerla con todo género de salvedades. Leceta y Celaya van a renunciar, evidentemente, a gran parte del utillaje lírico acumulado por Rafael Múgica; pero no van a tirarlo todo por la borda. Una tendencia irreprimible al juego, a la sorpresa, a la experimentación, a lo irracional, a lo irreal y misterioso continuará insinuándose con bastante densidad y frecuencia, como podrá comprobar el lector de esta antología, en libros posteriores. Por otra parte, esos poemas revelan algo constitucional en Gabriel Celaya: la fidelidad al momento de su vida, al tiempo histórico.

En *Marea del silencio* asistimos al nacimiento de un poeta que lucha por incorporarse a una tradición, comprobamos cómo una voz en principio impersonal va adquiriendo tonos propios. Es un primer libro, en cualquier caso, escrito en algunos pasajes con sorprendente perfección, que revela a un autor inteligente, sensible y bien dotado.

La soledad cerrada, también anterior a 1936, aunque inédito hasta 1947, es un libro mucho más unitario y personal. Una significativa cita de Novalis confirma la preocupación romántica que informa y da coherencia al conjunto de poemas; preocupación resumida en este verso de Rafael Múgica: «El hombre es pequeño para el ansia que siente». El convencimiento de la insignificancia del individuo frente a la inmensidad de «lo otro» deriva en actitudes características de su poesía posterior. El autor se acerca por primera vez al que será uno de sus grandes temas: «No importan mis angustias, no voy a confesarlas. / Basta para vencerlas la inocencia dorada / de las fuerzas primeras que crean y destruyen. / Basta la obediencia...» La lucha contra el «yo» se produce todavía en función de «las fuerzas primeras», inicial versión de los «movimientos elementales» que continuarán obsesionando al poeta. Algunas estrofas de *La soledad cerrada* son como una punta de lanza que penetra hasta el corazón de lo que será el Celaya de los años cincuenta: «Quiero morirme, quiero la vida sin nombre, / no el héroe destacado del Coro con que empieza / la tragedia, la lucha, la conciencia, el pecado, / el hombre que se mira a sí mismo y se piensa». Estos versos son algo más que un germen. Anticipan ya, completa y sin ambigüedades, la problemática desarrollada con más morosidad por el protagonista de *Lo demás es silencio.*

De esa etapa inicial, la antología pasa a presentar algunos títulos situados cronológicamente en torno a los poemas de Juan de Leceta: *Objetos poéticos, Movimientos elementales, El principio sin fin, Se parece al amor.* En estos libros, Celaya sigue enfrentado a «las fuerzas primeras»; la visión crítica de la situación social no alcanza, en general, la relevancia que tendrá más adelante.

Vienen a continuación muestras de dos libros de Juan de Leceta —*Avisos* y *Tranquilamente hablando*—, cuya significación e importancia ya he destacado.

A partir de *Las cartas boca arriba* —especialmente a partir de las «cartas» dirigidas a Blas de Otero y P. N.— las actitudes críticas de Celaya se clarifican y se radicalizan. Su adhesión a la corriente social-realista o, dicho de otro modo, la politización de su poesía, se confirma en *Paz y concierto* y culmina en *Cantos Iberos.* Todos esos libros están representados en la antología. No lo están, en cambio, los extensos poemas épico-dramáticos que inciden en las mismas preocupaciones, por considerarlos obras unitarias cuya fragmentación no tendría sentido. Como excepción, incluyo la «Introducción» a *Las resistencias del diamante* por su carácter independiente y por la precisión con que expone y resume el alcance del compromiso de Celaya.

La antología continúa con poemas de *De claro en claro* y de *Entreacto,* libros que, de acuerdo con sus títulos, vienen a ser como un paréntesis que abre un espacio de levedad y de humor —a veces de intrascendencia— dentro de la densa zona de su obra marcada por los afa-

nes éticos, políticos y sociales. Alguno de esos poemas
prueban la fidelidad del poeta a uno de los «movimien-
tos elementales» que con más permanencia le exalta y
mueve: el amor.

En 1961 publica Gabriel Celaya *Rapsodia Euskera,*
y en 1962 *Episodios Nacionales.* Son dos libros com-
plementarios en los que las preocupaciones civiles apa-
recen expresadas en un tono nuevo, extremadamente
vigoroso, directo y coloquial. El romance y otras fórmu-
las populares, limpios de la plaga del usual folklorismo
falsificador, están recreados con enorme convicción y
originalidad, plegados a una estricta función narrativa,
sin que el lenguaje se resienta de los amaneramientos,
los casticismos y los lugares comunes que tantas veces
han traducido en retórica impura la intención de dejar en-
trar en el poema la voz viva —la *viva voz*— del hombre
que canta o cuenta en la calle. Hay también en esas
obras una visión más inmediata y natural de la realidad
histórica que los poemas relatan, menos deformada por
ciertos tópicos ideológicos ya por entonces bastante des-
gastados. Pocas veces, en nuestra época, ha sido coro-
nada con igual éxito la empresa de fundir en un texto
literario el habla contemporánea y la función épica de
la poesía tradicional. En mi opinión, esos dos títulos son
los más importantes y creativos que Celaya dio a la im-
prenta en la década de los años sesenta. Por esa razón,
me he decidido a presentar fragmentariamente *Episodios
nacionales,* ante la imposibilidad de publicarlo íntegra-
mente.

La antología concluye con poemas del último libro,
hasta la fecha, de Gabriel Celaya: *Buenos días, buenas
noches,* publicado en 1976. En la contraportada de la
primera edición puede leerse una frase estimulante: «Un
nuevo Celaya». Y así es, pero sólo en cierto modo. Es
así en cuanto a que el libro define a un nuevo personaje
que, sin renunciar esta vez a su nombre, contradice y
niega, en ocasiones de manera muy explícita, a la voz
del poeta decididamente comprometido que llenó gran

parte de su obra. Nunca Celaya se había vuelto con
tanta desconsideración contra Celaya —aunque haya ini-
ciado a veces el gesto [3], como en ese título, que tiene algo
de saludo y de despedida. Sin embargo, la rebelión fren-
te a sí mismo delata la presencia del poeta único que
subyace bajo las figuras de Múgica, Leceta y Celaya.
Buenos días, buenas noches confirma la continuidad del
impulso que hace avanzar y evolucionar, dinamizándolo
y dotándolo a un tiempo de unidad y de diversidad, un
largo proceso de creación poética: el impulso de la nega-
ción, origen de las metamorfosis sucesivas del poeta que
desembocan —de momento— en este antagonista de
Gabriel Celaya. Tales negaciones no significan contra-
dicciones caprichosas, incontrolados saltos atrás, sino
desplazamientos dialécticos. Es la realidad, en constante
cambio, la que impone otros puntos de vista al poeta;
y al revés, es el poeta en incesante actividad quien altera
la realidad —de su poesía, al menos—. En el caso de
Buenos días, buenas noches, una especial presentación
—casi una aparición en lo que tiene de intuición sentida
con proximidad— de la muerte es lo que lleva al poeta a
afirmar otra vez, aunque con «terror, terror y asombro»,
las fuerzas primeras, los movimientos elementales de la
vida en su inmediatez y en su gratuidad. Se engañará
quien piense que, al afirmar lo que en cierto modo le
niega, vuelve Celaya a un superado punto de partida.
Por el contrario, esta evolución del poeta, como las ante-

---

[3] En los libros publicados por Celaya a partir de los iniciales
años sesenta hay un replanteamiento —como dice su autor en la
introducción a *Itinerario poético*— de sus «primeros principios»
y de las «originales e imborrables imágenes arquetípicas» de las
que había partido en su primera juventud. Esa actitud (sólo re-
presentada en esta antología por poemas del libro en que parece
llegar a su formulación final y más explícita) está motivada —y
vuelvo a citar la introducción de *Itinerario*— por «el decepcio-
nante reconocimiento de que el hombre no responde a los mode-
los humanistas que, desde el clásico hasta el prometeico-marxista,
se nos han dado». La autopresentación de Celaya como antagonista
de Celaya viene gestándose, por tanto, desde mucho antes de la
publicación de *Buenos días, buenas noches.*

riores, no cierra un círculo, sino que prolonga una espiral que trata de ceñirse a su cambiante realidad personal e histórica. La antología termina así con un nuevo Celaya, que no es más que el viejo Celaya abriendo caminos al Celaya de siempre.

Angel González.

Albuquerque, Nuevo México, febrero, 1977.

Bibliografía de Gabriel Celaya

1. POESIA

Marea del silencio, Zarauz, Itxaropena, 1935.

La soledad cerrada (seguida de *Vuelo perdido*), San Sebastián, Norte, 1947.

Movimientos elementales, San Sebastián, Norte, 1947.

Tranquilamente hablando, San Sebastián, Norte, 1947.

Objetos poéticos, Valladolid, Halcón, 1948.

El principio sin fin, Córdoba, Cántico, 1949.

Se parece al amor, Las Palmas de Gran Canaria, El Arca Cerrada, 1949.

Las cosas como son, Santander, La Isla de los Ratones, 1949; 2.ª ed., 1952.

Deriva (contiene: *La Música y la Sangre, Protopoesía y Avisos),* Alicante, Ifach, 1950.

Las cartas boca arriba, Madrid, Adonais, 1951; 2.ª ed. (completa): Madrid, Turner, 1974.

Lo demás es silencio, Barcelona, El Cucuyo, 1952.

Paz y concierto, Madrid, El Pájaro de Paja, 1953.

Vía muerta (extracto de *Entreacto).* Barcelona, Alcor, 1954.

Cantos iberos, Alicante, Verbo, 1955.

De claro en claro, Madrid, Adonais, 1956.

Pequeña antología poética, Santander, La Cigarra, 1957.

Entreacto, Madrid, Agora, 1957.

Las resistencias del diamante, México, Luciérnaga, 1957; 2.ª edición (bilingüe): *L'irreductible diamant,* París-Marsella, Action Poétique, 1960.

Cantata en Aleixandre, Palma de Mallorca, Papeles de Son Armadans, 1959.

El corazón en su sitio, Caracas, Lírica Hispana, 1959.

Para vosotros dos, Bilbao, Alrededor de la Mesa, 1960.

Poesía urgente (contiene: *Poesía directa, Lo demás es silencio* y *Vías de agua),* Buenos Aires, Losada, 1960; 2.ª ed., 1972; 3.ª ed., 1977.

La buena vida, Santander, La Isla de los Ratones, 1961.

Los poemas de Juan de Leceta (contiene: *Avisos, Tranquilamente hablando* y *Las cosas como son),* Barcelona, Colliure, 1961.

L'Espagne en marche (antología bilingüe), París, Seghers, 1961.

Rapsodia euskara, San Sebastián, Biblioteca Vascongada de Amigos del País, 1961.

Poesía (1934-1961) (una antología), Madrid, Giner, 1962.

Episodios nacionales, París, Ruedo Ibérico, 1962.

Mazorcas, Palencia, Rocamador, 1962.

Versos de otoño, Jerez de la Frontera, La Venencia, 1963.

Dos cantatas (contiene *Cantata en Aleixandre* y *El derecho y el revés),* Madrid, Revista de Occidente, 1963.

Me llamo Gabriel Celaya (disco: Antología y comentarios en la voz del autor), Madrid, Aguilar, 1963.

La linterna sorda, Barcelona, El Bardo, 1964.

Baladas y decires vascos, Barcelona, El Bardo, 1965.

Lo que faltaba (contiene: *La linterna sorda, Música de baile* y *Lo que faltaba),* Barcelona, El Bardo, 1967.

Poemas de Rafael Múgica, Bilbao, Comunicación Literaria, 1967.

Poesie (una antología bilingüe), Milán, Arnoldo Mondadori, 1967.

Los espejos transparantes, Barcelona, El Bardo, 1968; 2.ª ed., 1969.

Canto en lo mío (contiene *Rapsodia euskara* y *Baladas y decires vascos),* Barcelona, El Bardo, 1968; 2.ª ed. San Sebastián, Auñamendi, 1973.

Poesías completas, Madrid, Aguilar, 1969.

Lírica de Cámara, Barcelona, El Bardo, 1969.

Choix de textes (antología y estudio previo), París, Seghers, Poètes d'aujourd'hui, 1970.

Operaciones poéticas, Madrid, Visor, 1971.

Cien poemas de un amor, Barcelona, Plaza y Janés, 1971; 2.ª ed., 1974.

Campos semánticos, Zaragoza, Fuendetodos, 1971.

Dirección prohibida (contiene: *Las resistencias del diamante, Poemas tachados, Episodios nacionales* y *Cantata en Cuba),* Buenos Aires, Losada, 1973.

Función de uno, equis, ene, Zaragoza, Fuendetodos, 1973.

El derecho y el revés, Barcelona, Ocnos, 1973.

Itinerario poético. Edición del autor, Madrid, Ediciones Cátedra, 1975.
La higa de Arbigorriya, Madrid, Visor, 1975.
Buenos días, buenas noches, Madrid, Hiperión, 1976.

En colaboración con Amparo Gastón:

Ciento volando, Madrid, Neblí, 1953.
Coser y cantar, Guadalajara, Doña Endrina, 1955.
Música celestial, Cartagena, Baladre, 1958.

2. NARRACION

Tentativas, Madrid, Adán, 1946; 2.ª ed., Barcelona, Seix Barral, Barcelona, 1972.
Lázaro calla, Madrid, S. G. E. de L., 1949; 2.ª ed. (en prensa).
Penúltimas tentativas, Madrid, Arión, 1960.
Lo uno y lo otro, Barcelona, Seix Barral, 1962.
Los buenos negocios, Barcelona, Seix Barral, 1965.

3. TEATRO

El relevo, San Sebastián, Gora, 1963; 2.ª ed., Madrid, Escelier, 1972.

4. ENSAYO

El arte como lenguaje, Bilbao, Ediciones de Conferencias y Ensayos, 1951.
Poesía y verdad, Pontevedra, Huguin, 1960.
Exploración de la poesía, Barcelona, Seix Barral, 1964; 2.ª ed., 1971.
Inquisición de la poesía, Madrid, Taurus, 1972.
La voz de los niños, Barcelona, Laia, 1972.
Bécquer, Madrid, Júcar, 1972.
Los espacios de Chillida, Barcelona, Polígrafa, 1974. (Hay traducciones al francés, inglés y alemán.)

En colaboración con Phyllis Turnbull:

Castilla, a cultural reader, Nueva York, Appleton Century Crofts, 1970.

[*Lo puro es desmayarse en delicias sin nombre*]

Lo puro es desmayarse en delicias sin nombre,
cantar como una espuma de músicas vagas.
¡Oh amor que se va en cisnes líricos y blancos!
La brisa suspirando
pasa como una suave palidez desmayada.

Entre murmullo y sonrisa temblaba lo indeciso,
se movía entre música y palabra.
¡Delicia del instante fugitivo y sin cuerpo!
¡Dulcísima tristeza recordarlo flotando!

¡Oh amor, vuelo perdido!
Agua blanca cantando en los cauces más hondos;
dulcísima tristeza, pureza del desmayo,
amor, rubia delicia, brisa o música vaga.

Gabriel Celaya

[*Tarde malva y oro*]

Tarde malva y oro
bajo el cielo blanco.
Por el pinar
se ha ido cantando.

¡Qué soledad!
¡Oh, qué altura
sobre el ancho campo!
Por el pinar
vuela un pájaro.

Tarde,
tarde eterna,
tarde de mayo.
Por el pinar
vuelve llorando.

[*Sí, yo lo sé: los lirios*]

Sí, yo lo sé: los lirios
son el milagro de un alba inmaculada.
Y el caballo, la forma
de una brisa dormida.

El cielo es una música quieta.
El mar absorto,
plano,
de tan callado, piensa.

Por la orilla de lo eterno,
con los brazos extendidos,
voy suspirando, llorando,
aun no sé por qué motivo.

contradicciones en cierta medida — falta de vitalidad
(pasiva) no es negativa, el poeta se tranquiliza
entusiasmo vital (Guillén) — consuelo

[¡Vamos a gozar como un caballo blanco]

cierta melancolía

¡Vamos a gozar como un caballo blanco
entre espumas y olor a salitre!
¡Vamos a gozar del agua fría,   *sentidos táctiles*
de la brisa blanca,   *olores ...*
del mar,   *la pureza*
de la vida!

¡Vamos a gozar de la luz y del aire
como un árbol quieto   *still*
en la plena tarde! ← *transición sútil de pronto*

¡Vamos a gozar
como una planta que yace pasiva,   *una fuerza más*
sin deseos, callada,   *tranquil, honda*
en una plenitud tranquila y total de su ser!   *que en*
                                                          la strofa 1

Meditación   *necesita elementos surrealistas*

Si es verdad que existo y que me llamo Rafael;
si es verdad que estoy aquí
y que esto es una mesa;
si es verdad que soy algo más que una piedra oscura
                                        [entre ortigas, *nettle*
algo más que una áspera piedra en el fondo de un pozo.   *rough*
Si verdaderamente es real esta extraña claridad violeta de   *crea un mundo diferente*
si esos grises y malvas son casas y nubes;   [la tarde,
si verdaderamente no es un sonámbulo ese hombre que
                                        [pasa por la calle;
si es real este silencio que sube y baja entre el misterio
                                        [y la vida;
si es verdad que existo y que me llamo Rafael,
y que soy algo más que una planta de carne;

si verdaderamente las cosas existen,
y yo también existo,
y mi pensamiento existe;

capaz de ver más allá como poeta
no tema concreta — imágenes

si verdaderamente esta dulce tarde con olor a magnolias
                                        [es algo real;
si es también real este temblor de infinito que siento latir
                                        [dentro de mí;
si verdaderamente me llamo Rafael y existo y pienso;
si verdaderamente el mundo vive en una atmósfera densa
            [de pensamientos desconocidos y eternos;
si verdaderamente es así,
¡oh, gracias, gracias por todo!

[*La luna es una ausencia*]

La luna es una ausencia
de cuerpos en la nieve;
el mar, la afirmación
de lo total presente.
¡Adiós, pájaros altos,
instantes que no vuelven!
¡Cuánto amor en la tarde
que se me va y se pierde!
El mar de puro ser
se está quedando inerte.
¡Ser mar! ¡Ser sólo mar!
Lo quieto en lo presente.
Y no luna sin sangre,
blanco abstracto hacia muerte,
máscara del silencio,
teoría de nieve.
¡Ser mar! ¡Ser sólo mar!
¡Mar total en presente!

[*Las estatuas de mármol no están quietas*]

Las estatuas de mármol no están quietas
—¡yo os lo digo!—;
se mueven
con el paso de los siglos.

En bajar sus párpados pesados
tardan más de mil años;
más de mil cuatrocientos
en abrir una mano.

Aun cuando nuestros ojos no puedan verlo,
cambian de postura,
levantan los brazos,
se mueven —¡yo os lo digo!—,
lentamente se mueven,
caminan como buzos por el fondo del silencio.

Las estatuas se mueven —¡yo os lo digo!—,
se mueven
por el fondo de la muerte.

[*Angeles verdes*]

Angeles verdes,
ángeles sabios,
paseaban serenos por los prados
con una flor de plata en la boca
y un compás en la mano.

Angeles del aire verde,
ángeles eléctricos,
ángeles de cristal y de acero,
ángeles.

Con sus dedos metálicos y delgados
entreabrían los párpados
de las estatuas
y les miraban absortos y en silencio
aquellos ojos ciegos,
inertes,
vueltos al blanco misterio de lo eterno.

Locura de la luna

La ha vuelto loca el silencio
y la obsesión de sí misma;
loca, el sentirse tan sola
en el medio de esa noche
que es una obsesión redonda.

Recorre las grandes salas
de cristal que hay en el cielo;
huye por los corredores
que le abren los espejos;
busca cuchillos que abran
entre sus carnes de hielo
veinte heridas, veinte labios
calientes de sangre y besos.

[La noche peina pausada]

La noche peina pausada
sus trenzas largas y verdes;
huyen por las plazas —soledad cuadrada—
mujeres de plata con ojos de nieve.

Los gritos de la luna resuenan en los pozos;
en las alcobas hondas, donde los hombres tiemblan,
se agrietan los espejos, tensos de silencio.

Lentamente, la noche
vuelve la cabeza.

Las estatuas entreabren los ojos
cubiertos de granos de sal dura y gruesa;
mármoles de luz se desploman sordos
en los valles blancos de la luna helada;
bajo el cielo negro de pez y de plomo
huyen cien caballos con sudor de plata.

[Es la hora de las raíces y los perros amarillos]

Es la hora de las raíces y los perros amarillos.
El hombre se pone como una máscara su silencio;
se le llenan los ojos de yedra.

Es la hora de las raíces y los perros amarillos;
la hora en que blanquísimos caballos
pasan como escalofríos por el fondo de la niebla.

Oigo como una ausencia que el misterio está muy cerca;
oigo como una música
que la noche vuelve la cabeza.

Es la hora de las raíces y los perros amarillos;
en su sala de cristal,
la luna llora con la cabeza entre las manos.
El hombre se pone como una máscara su silencio;
sueña en el fondo del agua.

Es la hora del escalofrío en los cuerpos desnudos,
la hora en que se llora el misterio que viene y que no
la luna es el dolor de esa ausencia   [viene;
ante los crueles y apretados dientes blancos de los hom-
                                                       [bres.

Es la hora de las raíces y los perros amarillos,
de las raíces transparentes en el fondo de las aguas,
de los perros locos huyendo
por salas grandes y blancas.

Es la hora del misterio que viene y que no viene,
la hora en que la noche huye del mar desnuda,

la hora en que de cada estatua se escapan todos los
la hora de los párpados de plata,   [pájaros,
la hora en que la luna murmura como un silencio:
nada.

[Vivir como un ángel sufre]

Vivir como un ángel sufre
volviendo contra la vida nuestro sueño;
lo real es una herida de luz que nos duele;
quisiéramos ser ciegos, ignorarla.

Yo soy un grito vuelto hacia dentro,
y hacia dentro me estoy muriendo de fiebre;
para que me veáis solo dejo
una estatua helada de música y cristal.

Deliciosa mentira, la muerte es mi reposo,
el final de una lucha sin sentido.

«Toca la piedra, huele el laurel,
besa las aguas, mira los pinares.»
«Sí, pero dulcísimo no sé qué se desliza,
niega suspirando esa triste evidencia.»

    Residencia de Estudiantes, 1932-1934.

*enternecer — move,
soften*

Descanso

Con ternura, con paz, con inocencia,
con una blanda tristeza o el cansancio
que viene a ser un perro fiel que acariciamos,
estoy sentado en mi sillón y soy feliz,
y soy feliz
porque no siento la necesidad de pensar algo preciso.

Con una fatiga que no es un desengaño,
con un gozo que no alientan esperanzas,
estoy en mi sillón, y estoy
en algo que quizá sólo es amor.

Sé que floto
y nada me parece, sin embargo, indiferente;
sé que nada me alegra ni me duele
y que, sin embargo, todo me enternece; *mared / soften*
sé que eso es el amor
o que quizá solamente es un dulce cansancio;
sé que soy feliz
porque no siento la necesidad de pensar algo preciso.

41

De *La soledad cerrada,*
de Rafael Múgica
(1947)

[handwritten: tomó surrealismo, romanticismo del generación 27]

En el Origen nada existía sino Atman.
Miró en torno a sí, y sólo se vio a sí mismo.
Entonces tuvo miedo: por eso el hombre tie-
[ne miedo cuando está solo.
Después pensó: «¿De qué tener miedo, pues-
[to que nada existe sino yo?»
Pero estaba triste: por eso el hombre está
[triste cuando está solo.
Entonces deseó un segundo ser.

Upanishad-Brihadaranyaka.

VUELO PERDIDO

Primavera

Con ternura,
con mis pulmones de una dulce palidez, llorada rosa
y avidez anhelante *[handwritten: longing / eager]*
que son casi dos niños enamorados del aire,
con asombro,
con todo lo que en mi cuerpo es aun capaz de inocencia,
pienso en los grandes animales melancólicos y mansos,
y en los pequeños, devoradores y tenaces.

También esos bueyes tuvieron
su piel lisa del tiempo de las rosas;
pero ahora están cubiertos de una fría dureza,
de conchas y pequeños objetos milenarios.

42

Pienso en ellos y los amo
por el cansancio y la dulzura de su tristeza aceptada,
y los amo sobre todo
por sus ojos aplacados y su fuerza que no usan;

pienso en las hormigas, siempre cerca de la tierra,
naciendo debajo de su oscura lengua;
pienso en los limacos resbalando
por su suave camino de seda y de saliva;

pienso en todos los pequeños animales
y en los grandes también, que tienen algo
de tristeza de mar al mediodía;

y pienso en los animales rubios y voraces
que, juntos, forman la alegría del domingo,
y en su pulso vivísimo que agitan
la brisa y el olor de los jazmines.

La hierba crece diminuta e irresistible
como lenta invasión de nueva vida.
Llega la primavera y las muchachas
tiemblan entre las grandes flores blancas y amarillas.

Con los pulmones abiertos respiramos el aire.
Los gritos, sin nacer, se miran extasiados.
El cerebro enternece por su muda blancura
de planta sofocada de gozos silenciosos.

Cierro los ojos para unirme con las plantas,
con todos los seres no nacidos
que, bajo tierra, siento ya que se agitan.

Cierro los ojos. Duermo. Mis pulmones
como dulces y vivos animales se estremecen;
dentro de mí luchan sus pálidas raíces,
hacen quizá por desprenderse.

¡Oh silencio infinito en el que siento
un escondido latir de imperceptibles gritos,
un tenaz y pequeño palpitar
de nuevas vidas hechas o nueva primavera!

¡Oh manos diminutas moviéndose en la yedra!
¡Oh primavera! ¡Volver! Renunciar a lo que fui
para ser la nueva vida que crece ya bajo la tierra.

Amor

Vivir es fácil y, a veces, casi alegre.

Esta tarde —mar, pinares, azul—,
suspendido entre los brazos ligerísimos del aire
y entre los tuyos, dulce, dulce mía,
un ritmo palpitante me cantaba:
vivir es fácil y, a veces, casi alegre.

La brisa unía en un mismo latido
nuestros cuerpos, los árboles, la olas,
y nosotros no éramos distintos
de las nubes, los pájaros, los pinos,
de las plantas azules de agua y aire,
plantas, al fin, nosotros, de callada y dulce carne.

La tierra se extasiaba; ya casi era divina
en las nubes redondas, en la espuma,
en este blanco amor que, radiante, se eleva
al suave empuje de dos cuerpos que se unen en la hierba.

¿Recuerdas, dulce mía, cuando el aire
se llenaba de palomas invisibles,
de una música o brisa que tu aliento
repetía apresurado de secretos?

Vivir es fácil y, a veces, casi alegre.
Contigo entre los brazos estoy viendo
caballos que me escapan por un aire lejano,
y estoy, y estamos, tocando con los labios
esas flores azules que nacen de la nada.

Vivir es fácil y, a veces, casi alegre.
Al hablar, confundimos; al andar, tropezamos;
al besarnos no existe un solo error posible:
resucitan los cuerpos cantando, y parece
que vamos a cubrirnos de flores diminutas,
de flores blancas, lo mismo que un manzano.

Dulce, dulce mía, ciérrame los ojos,
deja que este aire inunde nuestros cuerpos;
seamos solamente dos árboles temblando
con lo mismo que en ellos ha temblado esta tarde.

Vivir es más que fácil; es alegre.
Por caminos difíciles hoy llego
a la simple verdad de que tú vives.
Sólo quiero el amor, el árbol verde
que se mueve en el aire levemente
mientras nubes blanquísimas escapan
por un cielo que es rosa, que es azul, que es gris y malva,
que es siempre lo infinito y no comprendo,
ni quiero comprender, porque esto basta:
¡amor, amor!, tus brazos y mis brazos,
y los brazos ligerísimos del aire que nos lleva,
y una música que flota por encima,
que oímos y no oímos,
que consuela y exalta:
¡amor también volando a lo divino!

Vida de la materia

A la estatua del almirante Oquendo,
frente al mar.

¡Oh cuerpo de hierro verde
mordido por los ardientes óxidos nocturnos,
mordido de salitre,
batido por el viento de cólera y deseo de los mares!

¡Oh cuerpo de hierro verde y corroído,
donde viven hechos fiebre descompuesta
todos los sueños pesados y ciegos
que dan ser a la materia!

¡Oh cuerpo de hierro nocturno
envuelto en una yedra de gritos sofocados,
cuerpo de hierro verde
con los ojos comidos y el pecho socavado!

Hombre que se levanta frente al mar y los vientos,
hombre cuyas heridas cubre sangre seca,
cubren granos duros y blancos de salitre,
cubren rosas de azufre o muertes floreciendo.

¡Oh cuerpo de hierro verde o hierro vivo,
cuerpo que ya no es cuerpo sino llama doliendo!
¡Oh estatua que los huracanes levantan hasta el cielo,
golpean con sus rayos —filón duro entre nubes—;
estatua que el silencio desciende bajo un sueño
de mares que se pueblan o piensan sus deseos!

Sí, yo sé que hay estatuas de mármol eterno,
estatuas cuya muerta perfección
se conserva disecada en los museos;
mas tú no eres como ellas
—¡oh estatua del almirante Oquendo!—,
devorada por el oro del yodo y el salitre,
devorada por óxidos verdes y huracanes,
negándote a la muda quietud cristalizada,
convulso o exasperado grito informe.

¡Oh cuerpo, cuerpo
que para vivir, como un hombre, se está destruyendo!
Sé que la luna te quisiera muerto en blanco,
tendido bajo sus árboles de alcanfor congelado,
y sé que el mar te sueña estatua de salitre,
luciente aparición en la blanca inconsciencia,

en la masa flotante, traslúcida y sin alma
de las medusas lunáticas y opacas.

Pero a ti te llama la noche de la sangre
donde las errantes noctilucas fosforecen,
donde hierve una vida de gritos abrasados
royendo o animando la materia.

¡Oh estatua del almirante Oquendo!
Tú aspiras a una muerte de vida consumida,
no a muerte en abstracción de mármoles perfectos,
no a muerte en teorías cerrándose en sí mismas,
no a falsa eternidad que es muerta muerte.

Los vientos te golpean con alas impacientes;
a tu mirada se abre un ansia de horizontes,
cuerpo de hierro nocturno salpicado de espuma,
de espuma ligera, de viva espuma blanca.

¡Qué gozo consumirte, volar disperso al viento,
sentir que se hace frágil, que se rompe tu pecho
donde hay manos cerradas y hay pájaros abiertos:
tu infancia de marino vuelta un día hacia dentro!

¡Oh cuerpo consumido de óxido y salitre!
¡Oh enhiesta y convulsiva soledad!
¡Oquendo! ¡Oquendo!
Nombre cóncavo y vacío del mar.

Con las fuerzas primeras

La blanquísima espuma
que estalla y se levanta en inocente rebeldía;
las nubecillas henchidas de luz rosa,
diminutos pulmones o avidez que palpita;

el mediodía que surge como un toro encarnado
y alza la victoria del sol entre sus cuernos;
el mar, el mar que muere
y nace siempre nuevo a cada instante;

las fuerzas primeras que luchan alegres;
las verdades primeras, los cuerpos matinales
de un espléndido amor que ignora la derrota,
de una espléndida muerte que ignora el pensamiento;

la alegría, el dolor, los aires, la batalla,
todas las horas de la vida exaltada
que hacen de mí un hombre embriagado
que ama, se aniquila, se debate abrazado con el viento,

todo esto quiero, lo valiente, ligero,
abrasado, veloz, limpio de ciegas
y densas somnolencias vegetales,
libre de la pasiva pesadez de la carne siempre inerte.

La materia se pudre en charcas lentas
de dulzura, de música parada,
de pálida fiebre que poco a poco cubren
tornasoles que giran con sus fuegos sombríos.

A la muerte se inclinan los cuerpos fatigados,
a un sueño que sofoca nuestras fuerzas heroicas;
llamamos la derrota, tristeza, luz serena,
moral, sabiduría, o música, o dulzura.

La sangre que protesta violenta,
la apretada blancura de un manzano que grita,
la brisa que delira perdida entre los pinos,
la locura dorada del poniente,

todo clama y levanta a una vida más alta:
¡confundirse en la lucha de las fuerzas primeras!
¡Ser un bello momento en lo eterno que es triste!
Rebeldía de espuma blanca en mares de hastío.

Un caballo en la playa que respira el salitre,
que siente la imperiosa caricia de la brisa,
que oye un clamor alegre, los disparos, el día...
Un caballo comprende. Y ama: veloz corre.

Sólo el hombre que atiende venenos, melodías,
se abandona a la dulce pesadez de la carne,
a la inercia que hunde en olvido de todo,
y piensa, y se detiene. Y acaricia la muerte.

La vida es terrible, atroz en su belleza,
pero yo la acepto —los dientes apretados,
los puños apretados— y mis ojos
de tan claros quiero que parezcan feroces.

La inocencia es espanto. La desnudez florece
con una violencia demasiado alegre.
Pero yo quiero esto. Callad, callad vosotros,
blancos profesores de melancolías.

Sois demasiados sabios
para un mundo que es joven, que sigue siendo joven
en el amor, en las olas, en el viento,
en su alegre rebeldía sin sentido.

Mil dolores pequeños a veces me anonadan.
La noche me recoge fatigado y me abraza;
pero vuelvo, y aun vuelvo, y vuelvo todavía
violento y desnudo, joven con el día.

La vida me alimenta; yo quemo la alegría.
La luz es resplandor de espadas que combaten
y creo en la ráfaga, en los gritos
que aún no han muerto en pensamientos.

No importan mis angustias, no voy a confesarlas.
Basta para vencerlas la inocencia dorada
de las fuerzas primeras que crean y destruyen.
Basta la obediencia

a las verdades primeras,
a la tierra y el fuego, al viento libre, al mar,
a la tromba y la sangre, y también
al pequeño jazmín que crece entre la hierba.

Entrando en el bosque

Una rápida huida ilumina los bosques.
Un rumor se levanta como un mar cuando tiembla.
¿Quién me llama en lo oscuro? ¿Qué me empuja a la
[tromba?
Lo que saben los hombres y los dioses ignoran.

¡Oh cuerpo, qué nostalgia de carreras veloces
confundido en tropel con las fuerzas primeras!
Cuando el bosque palpita, algo en mí le responde.
Rompen, ciegas, las fuerzas bajo mi pensamiento.

La tierra habla con voz de siglos olvidados.
¡Oh calor maternal al entrar en la noche
que un tam-tam o mi pulso, la obsesión alucina!
¡Llevadme, bacantes, oh vida potente!

Ya dentro del bosque, me detengo, me espanto.
Son hojas que se agitan, mi sangre apresurada,
y, en la playa lejana, dos olas que retumban,
dos olas que golpean la soledad del mundo.

Esas nubes perdidas, ese cielo callado,
verde pálido y frío que se exalta hacia plata,
es la imagen de un ser que se mira y que sueña
con horror y deleite su propio vacío.

A los dioses les basta contemplarse a sí mismos,
pero yo soy un hombre, soy de sombra y de sangre.
¡Oh rumor de este bosque! ¡Oh ráfaga! Parece
que, de nuevo, tú quieres llevarme.

Pero sólo es el viento, es un aire delgado,
pálida nostalgia de aquella tromba ardiente
donde un día viví confundido y ajeno
a este triste agitarme confinado en mí mismo.

Soy un ansia sin brazos,
soy un dedo sin mano, soy un grito sin boca,
soy un cuerpo cerrado
que la sangre golpea buscando salida.

La atención agiganta mi latido pequeño.
¡Vida aprisionada! ¡Pulso de la angustia!
¡Quiero labios, amor! Que el dolor me abra heridas,
cauces anchos, y quiero
que mi sangre se vuelque por ellas
con su libre abundancia a la tierra.

Quiero morirme, quiero la vida sin nombre,
no el héroe destacado del Coro con que empieza
la tragedia, la lucha, la conciencia, el pecado,
el hombre que se mira a sí mismo y se piensa.

Hoy sé que sólo vale el empuje primero:
la raíz que socava con su sangre y su llanto,
la tromba que me arrastra, que me ama y destruye.
¡Tierra! ¡Vida ciega! ¡Muerte grande! Te amo.

De *Objetos poéticos*
(1948)

Eridano, dios-río

El paisaje transparente
se abre claro de espejismos,
reflejo de su reflejo
en vértigo de sí mismo.

A cada vuelta del río
los nombres cambian en cosas,
las cosas más inmediatas,
en imprevistos prodigios.

A cada vuelta, los hombres
se transforman en sí mismos
entre el iris de la prisa
y los amores en vilo.

La sorpresa se remonta
por la espiral de los gritos,
y en un tornasol confunde
el azar con el destino.

Mientras, la vida tendida
sigue las curvas del río
y su cuerpo o «sí» de espuma
brilla de tan fugitivo.

Horologium

Las manos palpitantes
acarician, y pasa
el corazón, el tiempo,
sin encontrar su forma.

El corazón ligero
que en la sombra empujaba
y aun salta hoy, de alegría,
los límites del alma.

Tu corazón llevado
como un jardín volante,
tu corazón que irisan
minutos cambiantes.

Mínimos del amor
o unos ojos que brillan
como la rapidez
de una dicha oblicua.

Tu corazón flotante
de gozos inmediatos;
tu corazón ardiendo,
tu loco ser sin llanto.

Cantar

Perdido entre las cosas
mi corazón, mi corazón
que toma el nuevo nombre
de cada nuevo amor.

Una sonrisa basta,
un jazmín, un color
para llevarse entero
mi corazón, mi corazón.

El mundo en vilo viene
a ser en mi canción,
a ser él mismo siendo
en mí que ya no soy.

¡Oh pasos en la nada!
Mi corazón, mi corazón
diciendo los mil nombres
y olvidando mi voz.

¡Oh tú, que yo recreo
más puro en la canción,
que ya no eres tú mismo
como yo no soy yo!

Se me va, peregrino,
mi corazón, mi corazón,
pero me queda, eterno,
el hijo de mi amor.

Nocturno

Ya es de noche. Ya no puedo
seguir hablándote. Basta.
No hay corazón. Suena el mar.
Mi sangre de un golpe calla.

Una música me abre
sus mil alas y secretos;
una música me puebla
y ya casi no me siento.

Ya no siento la maciza
presencia que llamo cuerpo.
Siento el mar, tan sólo el mar,
ese mar siempre latiendo.

No, ya no puedo, no puedo
escuchar mi sentimiento;
hablarte como si fuera
yo, y no la noche, quien tiembla.

La hierba

La hierba unánime apaga
los latidos más remotos,
la hierba nunca pisada
de los prados siempre solos.

Una hierba igual que cubre
poco a poco el pensamiento
y en la altura de la dicha
pone un manso movimiento.

¿Qué se afirma así, perpetuo?
Estrellas, pájaros, cuerpos,
todas las formas radiantes
de la prisa va cubriendo

cuando crece, crece, crece,
lo igual con lo igual uniendo.
¿Es la tierra temblorosa
en el nivel de un secreto?

¿Son los muertos que así callan?
¿Son las manos diminutas
y elementales del viento?
¿Es lo invisible creciendo?

¡Prados de césped intacto
donde labora el silencio,
donde se escuchan los pasos
de la nada hacia lo eterno!

Una música

Lo que no pudo la fuerza
esta música lo mueve.
¡Oh fenómenos ligeros
en el aire y en la muerte!

Nubes blancas como cuerpos
descendidos de unos dioses;
dichas y números; rostros
lejanísimos que vuelven.

La misma sangre pretende
dar palabras con su ritmo.
Pájaros suben y bajan
de sí mismos a sí mismos.

Una resaca de ausencias
(toda música es abismo)
y unos paisajes que inventa
con su posible infinito.

Insinuándose en el hombre
un penúltimo equilibrio:
¡ya está oscilando, en su cumbre,
cuanto creíamos fijo!

Como un ave

Un ciervo delicado,
un aire largo,
una forma sonora entre los labios:

tal palabra no dicha…,
así deriva
la sangre acariciando las orillas.

Ese poco de sombra palpitando,
esa manzana
en la ardiente blancura del verano,

tal corazón en el aire,
tales islas cerradas
en la pausa remota de los más claros mares,

y esa luz, esa luz que es tan suave,
esa dulce carena
que resbala en las olas redondas una nave,

ese silencio pasa,
esa paz, la caricia
con larga forma de ave.

Ninfa

Se detiene en el borde del abismo y escucha,
viniendo desde el fondo, rampante, dulce, densa,
una serpiente alada, una música vaga.

Escapa por la suave pereza de su carne
que en el fondo era fango,
era ya tibia, y lenta, y latente, y sin forma;
era como el dios de gran barba dormido
junto al río en la siesta,
junto a ella en la noche
carnal y sofocada de junio con olores.

Y escucha temblorosa,
apaga una tras otra penúltimas preguntas,
y duerme, se hunde, duerme
en brazos de un gran dios de pelo duro y rojo,
divino Pan: un dios
hecho bestia que huele.

La fábula del río

La fábula del río (aquel anciano
de largas barbas verdes, húmedas y antiguas),
la fábula del aire luminoso
(espanto que encabrita los caballos),
la fábula primera en las orillas
de cierta desnudez que el agua siempre anuncia,
escuchaba yo, niño de arcilla roja y tierna.

Escuchaba. La escucho.
Me invades, ¡oh gran voz de una informe presencia!;

te siento por mis labios, levantándome, vaga;
te llamo río o veo
maravillosos mundos que sólo son palabras
mientras la calma augusta desciende con la siesta,
y hay juncos, y pereza, blando barro caliente.

¡Mitologías posibles! ¡Infancia mía indemne,
antigua como el mundo y hoy, de pronto, presente!

Masa oscura de llanto

Masa oscura de llanto,
llamando en el vacío remoto y obstinado;
dime tú, nocturno,
dime entre marañas de gritos tu abandono;
di las olas negras y lentas de otra orilla,
y, llanto, sordo llanto,
que, volviendo, murmuras, corazón agolpado
—sofocada magnolia de carne densa y dulce—;
dime, di, nocturno,
pronuncia la palabra de labios apretados,
conjúrame esta angustia
llenando ese vacío que un día y otro abren,
y un día y otro, huecos,
murmuran, corazón, llanto, tarde, mi angustia,
masa oscura latiendo.

Instantánea

*(Alderdi-Eder,
19 febrero, 4 tarde.)*

Tamarindos desnudos perfilados
contra el muro posible de la niebla.

Callando, se oye el mar que rompe lento
en las playas remotas de otros mundos.

Suspenso, el corazón guarda un secreto,
vive allí donde ya no es solo mío.

¡La pura posesión, la nada pura
en lo alto de un latido que no vuelve!

Primer día del mundo

Lo proclama la lluvia en primavera,
los bosques resonando,
el canto que se alarga en corazón sin forma,
y el mar, el mar, el mar
que golpea con pausa solemne la nada.

Lo proclaman en playas sin gemido y sin viento,
las olas siempre solas,
las olas que se forman como nacen los mundos,
su atmósfera de origen,
su retumbo viniendo por el cóncavo espacio.

Unos labios ausentes en la orilla invocaban
los nombres de los dioses, los nombres de las cosas,
y ya casi sonaban,
soñaban contra el mundo,
toro que estrangulan largas melodías.

¡Oh voz innumerable! —corazón, corazón—,
dentro de mí desatas las olas sin destino,
la nada pura y libre,
el aire limpio y vivo,
la alegría terrible de unos dioses marinos.

Matinal

Un hombre; los caminos;
el viento sin sonido del destino;

y andar libre y ligero entre tormentas
magnéticas y secas.

Se multiplican, crecen,
y, sucesivos, vienen con espuma y clamores
confusiones, muchachas, reposos dulces, largas
cabelleras de llanto que le envuelven temblando.

Frente a un mundo en delirio, él se afirma en su paso.
No acaricia, no duda.
Su soledad heroica
no es un irse perdido por los limbos cantando.

Contempla las montañas en su fuerza y su calma;
contempla la mañana pausada y luminosa;
respira, y le parece
que su boca bebe de Dios directamente.

¡Qué cierto, en su absoluto
de gloria y resplandor, el cielo abierto!
¡Qué ciertas, en su calma,
las cosas como son, que son, y basta!

Posesión

Si el sol sale, zumba, truena
como un dios antiguo de la luz poderosa,
hermoso, con sus barbas floridas y sus muslos
morenos, duros, recios,
también yo soy mujer,
también me abro en espasmo, pues eso es hacer versos:
llorar mientras resbalo por caricias y ríos
de sombra espesa y dulce.

De *El principio sin fin*
(1949)

Sobre un poema nativo de las islas
Salomón que comienza:

Tu vergüenza genital es el gramófono
del hombre blanco.

Tu vergüenza genital es el gramófono del hombre blanco,
y un embudo de sombra, y un paraguas cerrado,
y una culebra gorda que arrastra barro dulce:
tu voz de espesas, largas plumas de un iris sedante.

La máquina de escribir te ha arrancado los dientes.
(¡Míralos, son estrellas de agua dura que brilla!)
Cuelgan hilos de baba y una canción gangosa,
tan sensual que no puede dividirse por siete.

Las hormigas establecen caminitos en lo informe
de ese océano convulso que llamo amante, mi amante.
Bailemos, muerte viva, con ese escalofrío
que es, a falta de esqueleto, como un esquema en la carne.

Tu vergüenza genital es el frío de la hormiga,
móvil abstracto que pone, con patitas insensibles,
en evidencia los cuerpos de deseo que aún se ocultan.
Hombre blanco, tu mirada sólo es un grito inaudible.

Acedia

Dejó caer en nada su lujosa tristeza.
Se apoyó, desalmado, sobre una muerte verde.
Se le henchía en el peso el miedo de una ausencia,
una campana blanca con una hormiga dentro.

Si era de cal y corcho, si de estopa sin ojos,
si de insípido neutro gordo y mal mascado,
si allí ya no encontraba perfumados laureles,
y olor a renovada gloria de vida grande,

ya no le subiría por las venas su noche,
ni a su amante secreta, en un crimen sagrado,
se uniría con alas de sangre loca abierta,
¡oh arcaico monstruo lento que rara angustia alarga!

La lujuria del tedio se pasea con cola
por unas salas anchas de rojo sombra y oro,
cansadamente indemne. Toma una copa, vierte
todo su contenido. Pero cae en un espejo.

De *Se parece al amor*
(1949)

Dalia gris de octubre

Párpados de niebla,
dalia gris de octubre,
la llovizna suave
de igualdades muertas.

Dalia gris de octubre.

Arriba y abajo,
callada, infinita,
terrible, adorable,
dalia gris, llovizna.

O este amor difuso.

Todo mi amor

Paloma o zambullida
en el azul intacto:
tal resplandor, tal canto...

Vienen luego palabras
dulces, lentas, seguras,
ya casi últimas…

Querida, ¿quién diría
la emoción de este encuentro
más acá del misterio,

más acá de tus ojos,
y mi amor, y la pura
mañana que se pierde por el bosque?

Ultimo y firme, concreto,
dicho por fin, dicho,
todo mi amor, sólo tu cuerpo.

Tú por mí

Si mi pequeño corazón supiera
algo de lo que soy;
si no fuera, perdido, por los limbos, cantando
otro ser, otra voz,
¡ay, sabría qué me duele!,
¡ay, sabría lo que busco!,
sabría tu nombre, amor.
Sería todo mío, todo tuyo, y unidos,
diría yo lo que quieres,
dirías tú quién soy yo.

De *Avisos de Juan de Leceta*
(1944-1946)

Despues de la guerra, despues del silencio de 10 años - actitud sceptica + amarga frente a la vida llena de contradicciones. alegria y negatividad refleja momento de transicion de España - Nueva forma alternativa de la poesia a lo oficial, trato oponerse a lo oficial (los garcilasistas, c revista 'Garcilaso'), los poetas arraigados periodo depresivo, intels en exilio o callado, la censura... 68 Alberti a Argentina, Lorca muerto.- Produjo crisis existencial para algunos eg Celaya - poeta joven, tendia buscar influencias eg Vicente Aleixandre / Damaso Alonso que habian conseguido madurez antes de la guerra ⇒ q's humanas, ser humano universal, la sociedad (mas que actitud estética, la belleza formal como los oficiales que no se preocupen por el hambre ...) muchos garcilasos progresaron a temas mas amplios

El sentido de la sopa

> *Han perdido el sentido de la sopa.*
> A. GIDE.

La vida va despacio, pisa tibio y mojado,
huele a río de fango, y a vaca y tierra lenta.
La mujer bajo un hombre sabe cómo huele.

Un olor sustancioso como una buena sopa,
un llanto nutritivo, unos días pacientes...
(Ahí comemos, bebemos, respiramos, amamos.)

¿Debo aún explicarlo? ¿Hay alguien que lo ignore?
La vida dulce y negra es un humus cargado.
Tiene un calor de sexos y un empeño de llanto.

Es el río estancado de una mujer amada,
es el fruto ya dulce de unas horas cansadas,
y un trabajo, una casa, un instinto, rutinas.

66

Porque todos vivimos y vivir sólo es eso.
No es el amor, la dicha, una idea, el destino.
Es tan sólo una sopa caliente, espesa y sucia.

A vuestro servicio

Me he acercado hasta el puerto.
Chillan hierros mojados y una grúa resopla.
Los obreros trabajan y maldicen a ratos.

—¿Un cigarro, buen hombre?
Buen hombre me ha escupido su silencio.
Buen hombre me ha plantado
con unos ojos claros todo su desprecio.

Los hombres tienen hambre.
Los hombres tienen miedo.
Mas no nos piden pan.
Mas no nos piden sueño.

Gritaré lo que quieran por no sentirme odiado.
Cuando me fusilen
quizás alguien me ponga un cigarro en los labios.

Telegrama urgente

Las máquinas tiritan
dando diente con diente, seca cifra con cifra.
Nueve, diez, mil millones
de ceros con ombligo y con sombrero.
¡La humanidad, amigos!
Un sucio olor difuso
a interiores calientes de pereza y de sueño
y un asco —con permiso—
de pájaro de guata mojada y de manteca.

Por fin tengo un amigo

Por fin tengo un amigo,
otro pequeño imbécil como yo, sonriente,
que no lee los periódicos,
que no está preocupado,
que no tiene opinión formada sobre Europa.

Nos paseamos juntos charlando tontamente,
contándonos mentiras,
repitiendo en voz alta los nombres de los barcos
o inventando otros nuevos
para las pobres nubes que los están esperando.

¡Qué bonitas mañanas con aeroplanos blancos!
¡Qué bonitos los pinos,
la hierbecilla mansa,
la brisa siempre alegre,
las parejas amigas, de la mano, volando!

A solas soy alguien

A solas soy alguien.
En la calle, nadie.

A solas medito,
siento que me crezco.
Le hablo a Dios. Responde
cóncavo el silencio.
Pero aguanta siempre,
firme frente al hueco,
este su seguro
servidor sin miedo.

A solas soy alguien,
valgo lo que valgo.
En la calle, nadie
vale lo que vale.

En la calle reinan
timbres, truenos, trenes
de anuncios y focos,
de absurdos peleles.
Pasan gabardinas,
pasan hombres «ene».
Todos son como uno,
pobres diablos: gente.

En la calle, nadie
vale lo que vale,
pero a solas, todos
resultamos alguien.

A solas existo,
a solas me siento,
a solas parezco
rico de secretos.
En la calle, todos
me hacen más pequeño
y al sumarme a ellos,
la suma da cero.

A solas soy alguien,
valgo lo que valgo.
En la calle, nadie
vale lo que vale.

A solas soy alguien,
entiendo a los otros.
Lo que existe fuera,
dentro de mí doblo.
En la calle, todos
nos sentimos solos,
nos sentimos nadie,
nos sentimos locos.

A solas soy alguien.
En la calle, nadie.

De *Tranquilamente hablando*
(1947)

Tranquilamente hablando

Puede reírse el mundo
con sus mandíbulas, con sus huesos,
su esqueleto batiente de rabia seca y dura,
con sarcasmo y aristas,
puede reírse, enorme, sin verme tan siquiera.
Porque estoy solo, y, solo,
yo lloro, no lo entiendo.

Pese al odio, al cansancio, las lágrimas, los dientes,
pese a las durezas de sangre congelada,
yo que pude seguirlo,
reírme como el mundo,
no lo entiendo —es sencillo—,
no entiendo su locura.

Si sube la marea,
si estoy en el balcón, y es de noche, y me crece
por dentro una ternura,

70

critica la tendencia de la poesía oficial.
Palabras vulgares, versos libres, poemas abiertos
clara intención moral (antídoto a la violencia a veces
eg. amor; Alonso) en celaya son las cosas simples
eg 'poco de dinero' etc.

no lo entiendo, no entiendo
(debo ser algo tonto),
no entiendo esos ladridos y esa espuma del odio.

Serena noche, lenta
procesión de otros mundos,
vosotros que sabéis qué chiquito es mi pecho,
sabéis también que late;
que, triste, llama dentro
mi corazón sin nadie,
mi angustia sin destino,
mi sola soledad en medio de la risa.

Mi intención es sencilla (difícil)

Recuerdo a Núñez de Arce y a don José Velarde,
tan retóricos, sabios,
tan poéticos, falsos,
cuando vivía Bécquer, tan inteligente,
tan pobre de adornos,
tan directo, vivo.

No quisiera hacer versos;
quisiera solamente contar lo que me pasa
(que es lo que nunca pasa),
escribir unas cartas destinadas a amigos
que supongo que existen,
quisiera ser el Bécquer de un siglo igual a otros.

Tengo compañeros que escriben poemas buenos
y otros que se callan o maldicen sin tino;
pero todos me aburren (aunque los admiro),
y todos me ocultan lo único que importa
(ellos, estupendos
cuando se emborrachan y hablan sin medida).

Yo que me embriago sin haber bebido,
yo que me repudro y, tontamente, muero.

no puedo callarme,
no puedo aguantarlo,
digo lo que quiero, y
sé que con decirlo sencillamente acierto.

get it right

Hablo de nosotros

Hablo de nosotros
(no sé si es un poema),
hablo de nosotros que no somos sencillos,
pero sí vulgares (como se comprende).

Hablo sin tristeza (y no porque esté alegre),
sin resentimiento (mi odio es de agua fría);
hablo de nosotros y alguien debe entenderme.
Hablo serenamente.

Necesito muy poco
(por ejemplo, mi tiempo);
necesito gastar dinero sin pensarlo,
besar dos o tres bocas (sin comprometerme).
Necesito lo justo (superfluo si calculo),
un delirio alegre (razonable en el fondo);
necesito lo poco que nadie quiere darme,
lo mucho que es un hombre.

Pero soy blando y tonto
(¿quién al fin no llora?);
soy de fango informe que dulcemente arrastra,
de tierra que a ti me une.
Soy de miseria pura (o de amor infinito),
soy de nada, del todo que al mirarte comprendo,
¡oh pequeño, pequeño, pegajoso, tan tierno,
tan igual a mí!

Cuéntame cómo vives
(Cómo vas muriendo)

Cuéntame cómo vives;
dime sencillamente cómo pasan tus días,
tus lentísimos odios, tus pólvoras alegres
y las confusas olas que te llevan perdido
en la cambiante espuma de un blancor imprevisto.

Cuéntame cómo vives.
Ven a mí, cara a cara;
dime tus mentiras (las mías son peores),
tus resentimientos (yo también los padezco),
y ese estúpido orgullo (puedo comprenderte).

Cuéntame cómo mueres.
Nada tuyo es secreto:
la náusea del vacío (o el placer, es lo mismo);
la locura imprevista de algún instante vivo;
la esperanza que ahonda tercamente el vacío.

Cuéntame cómo mueres,
cómo renuncias —sabio—,
cómo —frívolo— brillas de puro fugitivo,
cómo acabas en nada
y me enseñas, es claro, a quedarme tranquilo.

Con las manos en los bolsillos

Con las manos en los bolsillos
vengo y voy (¡tan cansado!):
vengo con unas largas estelas de horas muertas,
voy con mi entusiasmo de fuego renovado,
quedo, en último extremo,
estúpido, rendido, mientras suenan en torno
bocinas distendidas, periódicos idiotas,
voces que rebotan, agrias, en lo hueco.

Vengo y voy, vuelvo y callo,
siento cómo soy a la vez tonto y sabio,
cómo, a mi descanso,
conviene el derramarse de un cuerpo extenso y lacio,
deshacerme pausado sin pena y sin fatiga,
bostezar sin sentido,
pasear para nada con ojos distraídos
y unas manos pesadas que hundo en los bolsillos.

Todas las mañanas cuando leo el periódico

Me asomo a mi agujero pequeñito.
Fuera suena el mundo, sus números, su prisa,
sus furias que dan a una su zumba y su lamento.
Y escucho. No lo entiendo.

Los hombres amarillos, los negros o los blancos,
la Bolsa, las escuadras, los partidos, la guerra:
largas filas de hombres cayendo de uno en uno.
Los cuento. No lo entiendo.

Levantan sus banderas, sus sonrisas, sus dientes,
sus tanques, su avaricia, sus cálculos, sus vientres,
y una belleza ofrece su sexo a la violencia.
Lo veo. No lo creo.

Yo tengo mi agujero oscuro y calentito.
Si miro hacia lo alto, veo un poco de cielo.
Puedo dormir, comer, soñar con Dios, rascarme.
El resto no lo entiendo.

Debo ser algo tonto

Debo ser algo tonto
porque a veces me ocurre que me pongo a hablar solo,
y digo cosas locas,
digo nombres bonitos de muchachas y barcos

o títulos de libros que nadie ha escrito nunca.
Debo ser algo tonto.

Babeo, grito y lloro.
Los verbos absolutos me llenan de ternura
y esas vocales sueltas, inútiles, redondas,
que vuelan para nada,
me elevan boquiabierto hacia no sé qué gozos.

Soy feliz y, por eso, también un poco tonto.

Soy feliz a mi modo

Las golondrinas beben agua limpia en mis ojos;
los sapitos me comen los tallos verde tiernos;
y a veces, en lo alto, mis pulmones despliegan
como flor asombrosa la hermosura del aire.

¡Pensar que hay quien protesta!
Bigotes furibundos,
barbas rubias postizas y barrigas hinchadas,
voces sentimentales de encía desdentada
y hasta esos corazones que llevan los señores
como reloj de lujo en un bolsillo tierno.

Los números en fila me asaltan ordenados.
Son guardias, son minutos, son dientes igualitos.
¡Máquinas de escribir que me comen poemas!
¡Máquinas de coser con que tristes solteras
acompasan cansancios de lluvia atribulada!

Pequeños montoncillos de ternura, de escarcha,
de arenas impalpables o penas que no nombro,
y el corazón que aquí se endurece un poquito,
y allí tiene un boquete donde le duele el mundo.

Unos cuentan sus penas, otros sólo sus días,
todos, el cuento tonto de una vida cansada;

yo cuento mis bobadas (no sé si es poesía),
miro en torno, no entiendo, cierro lento los ojos.

Se trata de algo positivo

Hoy, por ejemplo, estoy más bien contento.
No sé bien las razones, mas por si acaso anoto:
mi estómago funciona,
mis pulmones respiran,
mi sangre apresurada me empuja a crear poemas.
(Solamente —¡qué pena!— no sé medir mis versos.)

Pero es igual, deliro: rosa giratoria
que abres dentro mío un espacio absoluto,
noche con cabezas
de cristal reluciente,
velocidades puras del iris y del oro.
(Solamente —¡qué pena!— estoy un poco loco.)

Mas es real, os digo, mi sentimiento virgen,
reales las palabras absurdas que aquí escribo,
real mi cuerpo firme,
mi pulso rojo y lleno,
la tierra que me crece y el aire en que yo crezco.
(Solamente —¡qué pena!— si vivo voy muriendo.)

En mi cuarto, con el balcón abierto

Estas cálidas noches, julio largo y sedante,
cuando en mi cuarto blanco paseo solitario,
con el balcón abierto, respiro cielos anchos
y me siento joven (claro que es mentira),
y me siento alegre (no podéis negarlo),
y contra el mundo entero,
contra mis deberes, y mi edad, mi cansancio,
me afirmo simplemente.

Sobre mis dos pies que aquí se apoyan recios
pesa un cuerpo macizo que da una sombra cierta,
se eleva mi cabeza segura y orgullosa,
brilla un sexo que apunta a un calor femenino;
digo simplemente
que soy un hombre entero y que el serlo me basta,
soy un hombre vulgar (lo que no es poca cosa),
soy feliz como puede serlo cualquier otro.

Fin de semana en el campo

A los treinta y cinco años de mi vida,
tan largos, tan cargados, y, a fin de cuentas, vanos,
considero el empuje que llevo ya gastado,
la nada de mi vida, el asco de mí mismo
que me lleva a volcarme suciamente hacia fuera,
negociar, cotizar mi trabajo y mi rabia,
ser cosa entre las cosas que choca dura y hiere.

Considero mis años,
considero este mar que aquí brilla tranquilo,
los árboles que aquí dulcemente se mecen,
el aire que aquí tiembla, las flores que aquí huelen,
este «aquí» que es real y, a la vez, es remoto,
este «aquí» y «ahora mismo» que me dice inflexible
que yo soy un error y el mundo es siempre hermoso,
hermoso, solo hermoso, tranquilo y bueno, hermoso.

Todo vale la pena

Todo vale la pena.
Espero ansiosamente telegramas que digan,
por ejemplo: «Aceptado», o: «Llegué bien. Abrazos.»
Pago cualquier precio por un coñac decente;
pierdo noches enteras con cualquier muchacha.

Todo vale la pena,
Todo me arrebata y esto es lo terrible;
todo me apasiona y es, sin embargo, tonto;
todo debería parecerme nada,
mas las naderías son mi vida, mi todo.

Todo vale la pena.
Llevo el capital social de mi negocio
como un piel-roja lleva su pluma arrogante.
Es una miseria; no significa nada;
mas mi sangre suena: vivo, soy dichoso.

Hay mañanas que resultan
excesivamente luminosas

Y me llenaba todo de azul cuajado y duro,
de la mañana viva de luz definitiva:
cabeza rubia, aurora.

Me dolían los dedos, las articulaciones,
el agujero triste del corazón sin nadie.
Me dolían los ojos de tenerlos abiertos.

El mundo entero en vilo no supo qué decirme.
Sentado ante un espejo componía sus rizos
o se pintaba, bello, de absurda indiferencia.

Pequeñas e indispensables expansiones

Las máquinas nos mascan con dientes igualitos
y salen aeroplanos, gramolas, ascensores...;
del sudor y la sangre, un mundo limpio y nuevo.
(Y a veces instantáneos palacios de luz loca
donde los millonarios gastan todos sus ceros.)

Mas a los que nacimos pequeños y callados
nos queda la materia común de los fracasos,

el fiemo espeso y dulce que todo lo aglutina,
la podredumbre madre.

O acaso la amargura que aún emborracha un poco.

Escaparate-sorpresa

Con furia, violentos
cuadros verdes, duros,
o amarillos con rabia de cifras vacías,
anuncios y prisas,
bocinas distendidas e intestinos sucios
que, bajo los trajes más correctos, trabajan.

Y mil, sonando a mil,
teléfonos que erizan timbres estridentes;
y otra vez esa furia de anuncios y bocinas,
de rabia seca y agria;
y filas, filas, filas
de anónimas y tristes gabardinas.

Mas, al doblar la esquina,
¡aquel fulgor extraño!,
¡aquella cosa pura de un siglo no olvidado!,
¡aquel escaparate con corsés rosados!

Aviso

La ciudad es de goma lisa y negra,
pero con boquetes de olor a vaquería
y a almacenes de granos, y a madera mojada,
y a guarnicionería, y a achicoria, y a esparto.

Hay chirridos que muerden, hay ruidos inhumanos,
hay bruscos bocinazos que deshinchan
mi absurdo corazón hipertrofiado.

Yo me alquilo por horas; río y lloro con todos;
pero escribiría un poema perfecto
si no fuera indecente hacerlo en estos tiempos.

Un matrimonio entre otros

Sobre cadáveres, sobre confortables
miserias de carne vieja y triste,
dormían sus delicias conyugales.

Macerados dolores y vísceras cansadas
—la filtración de días, hábitos y lluvias—
unían sus dos vidas ablandadas.

Y los hijos colgaban:
                                    los harapos mojados
de la música muerta de un amor imposible
formaban fangos dulces, cunaban su fracaso.

Instancia al excelentísimo señor

Ese colchón caliente de pereza y de sueño...

Mas, cuando despierto,
los periódicos surgen recién impresos, tiernos,
con sus conmovedores tópicos del día,
sus cabezudos títulos, su tartamudeo,
sus lugares comunes de palomas heridas
—plomo sordo y guata dulcemente aburrida—,
etcéteras sublimes, glorias falsificadas...
Y así cada día
es lo otro, y lo otro, y aun lo otro, lo mismo,
hasta que, cansado, me aplasto en versos anchos,
o, como quien reza, redacto una instancia,
o bien, fracasado,
me meto en un cine para pasar el rato.

De *Las cartas boca arriba*
(1951)

*Hablo de cosas que existen. Dios me libre
de inventar cosas cuando estoy cantando.*

Pablo Neruda.

A Blas de Otero

Amigo Blas de Otero: Porque sé que tú existes,
y porque el mundo existe, y yo también existo,
porque tú y yo y el mundo nos estamos muriendo,
gastando nuestras vueltas como quien no hace nada,
quiero hablarte y hablarme, dejar hablar al mundo
de este dolor que insiste en todo lo que existe.

Vamos a ver, amigo, si esto puede aguantarse:
El semillero hirviente de un corazón podrido,
los mordiscos chiquitos de las larvas hambrientas,
los días cualesquiera que nos comen por dentro,
la carga de miseria, la experiencia —un residuo—,
las penas amasadas con lento polvo y llanto.

Nos estamos muriendo por los cuatro costados,
y también por el quinto de un Dios que no entendemos.
Los metales furiosos, los mohos del cansancio,

81

los ácidos borrachos de amarguras antiguas,
las corrupciones vivas, las penas materiales...,
todo esto —tú sabes—, todo esto y lo otro.

Tú sabes. No perdonas. Estás ardiendo vivo.
La llama que nos duele quería ser un ala.
Tú sabes y tu verso pone el grito en el cielo.
Tú, tan serio, tan hombre, tan de Dios aun si pecas,
sabes también por dentro de una angustia rampante,
de poemas prosaicos, de un amor sublevado.

Nuestra pena es tan vieja que quizá no sea humana:
ese mugido triste del mar abandonado,
ese temblor insomne de un follaje indistinto,
las montañas convulsas, el éter luminoso,
un ave que se ha vuelto invisible en el viento,
viven, dicen y sufren en nuestra propia carne.

Con los cuatro elementos de la sangre, los huesos,
el alma transparente y el yo opaco en su centro,
soy el agua sin forma que cambiando se irisa,
la inercia de la tierra sin memoria que pesa,
el aire estupefacto que en sí mismo se pierde,
el corazón que insiste tartamudo afirmando.

Soy creciente. Me muero. Soy materia. Palpito.
Soy un dolor antiguo como el mundo que aún dura.
He asumido en mi cuerpo la pasión, el misterio,
la esperanza, el pecado, el recuerdo, el cansancio.
Soy la instancia que elevan hacia un Dios excelente
la materia y el fuego, los latidos arcaicos.

Debo salvarlo todo si he de salvarme entero.
Soy coral, soy muchacha, soy sombra y aire nuevo,
soy el tordo en la zarza, soy la luz en el trino,
soy fuego sin sustancia, soy espacio en el canto,
soy estrella, soy tigre, soy niño y soy diamante
que proclaman y exigen que me haga Dios con ellos.

¡Si fuera yo quien sufre! ¡Si fuera Blas de Otero!
¡Si sólo fuera un hombre pequeñito que muere
sabiendo lo que sabe, pesando lo que pesa!
Mas es el mundo entero quien se exalta en nosotros
y es una vieja historia lo que aquí desemboca.
Ser hombre no es ser hombre. Ser hombre es otra cosa.

Invoco a los amantes, los mártires, los locos
que salen de sí mismos buscándose más altos.
Invoco a los valientes, los héroes, los obreros,
los hombres trabajados que duramente aguantan
y día a día ganan su pan, mas piden vino.
Invoco a los dolidos. Invoco a los ardientes.

Invoco a los que asaltan, hiriéndose, gloriosos,
la justicia exclusiva y el orden calculado,
las rutinas mortales, el bienestar virtuoso,
la condición finita del hombre que en sí acaba,
la consecuencia estricta, los daños absolutos.
Invoco a los que sufren rompiéndose y amando.

Tú también, Blas de Otero, chocas con tus fronteras,
con la crueldad del tiempo, con límites absurdos,
con tu ciudad, tus días y un caer gota a gota,
con ese mal tremendo que no te explica nadie.
Irónicos zumbidos de aviones que pasan
y muertos boca arriba que no, no perdonamos.

A veces me parece que no comprendo nada,
ni este asfalto que piso, ni ese anuncio que miro.
Lo real me resulta increíble y remoto.
Hablo aquí y estoy lejos. Soy yo, pero soy otro.
Sonámbulo transcurro sin memoria ni afecto,
desprendido y sin peso, por lúcido ya loco.

Detrás de cada cosa hay otra que es la misma,
idéntica y distinta, real y a un tiempo extraña.
Detrás de cada hombre un espejo repite
los gestos consabidos, mas lejos ya, muy lejos.

Detrás de Blas de Otero, Blas de Otero me mira,
quizá me da la vuelta y viene por mi espalda.

Hace aún pocos días caminábamos juntos
en el frío, en el miedo, en la noche de enero
rasa con sus estrellas declaradas lucientes,
y era raro sentirnos diferentes, andando.
Si tu codo rozaba por azar mi costado,
un temblor me decía: «Ese es otro, un misterio.»

Hablábamos distantes, inútiles, correctos,
distantes y vacíos porque Dios se ocultaba,
distintos en un tiempo y un lugar personales,
en las pisadas huecas, en un mirar furtivo,
en esto con que afirmo: «Yo, tú, él, hoy, mañana»,
en esto que separa y es dolor sin remedio.

Tuvimos aún que andar, cruzar calles vacías,
desfilar ante casas quizá nunca habitadas,
saber que una escalera por sí misma no acaba,
traspasar una puerta —lo que es siempre asombroso—,
saludar a otro amigo también raro y humano,
esperar que dijeras: «Voy a leer unos versos.»

Daba miedo mirarte solo allá, en lo redondo
de una lámpara baja y un antiguo silencio.
Mas hablaste: el poema creció desde tu centro
con un ritmo de salmo, como una voz remota
anterior a ti mismo, más allá de nosotros.
Y supe —era un milagro—: Dios al fin escuchaba.

Todo el dolor del mundo le atraía a nosotros.
Las iras eran santas; el amor, atrevido;
los árboles, los rayos, la materia, las olas,
salían en el hombre de un penar sin conciencia,
de un seguir por milenios, sin historia, perdidos.
Como quien dice «sí», dije Dios sin pensarlo.

Y vi que era posible vivir, seguir cantando.
Y vi que el mismo abismo de miseria medía
como una boca hambrienta, qué grande es la esperanza.
Con los cuatro elementos, más y menos que hombre,
sentí que era posible salvar el mundo entero,
salvarme en él, salvarlo, ser divino hasta en cuerpo.

Por eso, amigo mío, te recuerdo, llorando;
te recuerdo, riendo; te recuerdo, borracho;
pensando que soy bueno, mordiéndome las uñas,
con este yo enconado que no quiero que exista,
con eso que en ti canta, con eso en que me extingo
y digo derramado: amigo Blas de Otero.

A Andrés Basterra

Andrés, aunque te quitas la boina cuando paso
y me llamas «señor», distanciándote un poco,
reprobándome —veo— que no lleve corbata,
que trate falsamente de ser un tú cualquiera,
que cambie los papeles —tú por tú, tú barato—,
que no sea el que exiges —el amo respetable
que te descansaría—,
y me tiendes tu mano floja, rara, asustada
como un triste estropajo de esclavo milenario,
no somos dos extraños.
Tus penas yo las sufro. Mas no puedo aliviarte
de las tuyas dictando qué es lo justo y lo injusto.

No sé si tienes hijos.
No conozco tu casa, ni tus intimidades.
Te he visto en mis talleres, día a día, durando,
y nunca he distinguido si estabas triste, alegre,
cansado, indiferente, nostálgico o borracho.
Tampoco tú sabías cómo andaban mis nervios,
ni que escribía versos —siempre me ha avergonzado—,
ni que yo y tú, directos,
podíamos tocarnos sin más ni más, ni menos,

cordialmente furiosos, estrictamente amargos,
anónimos, fallidos, descontentos a secas,
mas pese a todo unidos como trabajadores.

Estábamos unidos por la común tarea,
por quehaceres viriles, por cierto ser conjunto,
por labores sin duda poco sentimentales
—cumplir este pedido con tal costo o tal fecha;
arreglar como sea esta máquina hoy mismo—,
y nunca nos hablamos de las cóleras frías,
de los milagros machos,
de cómo estos esfuerzos serán nuestra sustancia,
y el sueldo y la familia, cosas vanas, remotas,
accesorias, gratuitas, sin último sentido.
Nunca como el trabajo por sí y en sí sagrado
o solo necesario.

Andrés, tú lo comprendes. Andrés, tú eres un vasco.
Contigo sí que puedo tratar de lo que importa,
de materias primeras,
resistencias opacas, cegueras sustanciales,
ofrecidas a manos que sabían tocarlas,
apreciarlas, pesarlas, valorarlas, herirlas,
orgullosas, fabriles, materiales, curiosas.
Tengo un título bello que tú entiendes: Madera.
Pino rojo de Suecia y Haya brava de Hungría,
Samanguilas y Okolas venidas de Guinea,
Robles de Slavonia y Abetos del Mar Blanco,
Pinoteas de Tampa, Mobile o Pensacola.

Maderas, las maderas humildemente nobles,
lentamente crecidas, cargadas de pasado,
nutridas de secretos terrenos y paciencia,
de primaveras justas, de duración callada,
de savias sustanciadas, felizmente ascendentes.
Maderas, las maderas buenas, limpias, sumisas,
y el olor que expandían,
y el gesto, el nudo, el vicio personal que tenían
a veces ciertas rollas,

la influencia escondida de ciertas tempestades,
de haber crecido en esta, bien en otra ladera,
de haber sorbido vagas corrientes aturdidas.

Hay gentes que trabajan el hierro y el cemento;
las hay dadas a espartos, o a conservas, o a granos,
o a lanas, o a anilinas, o a vinos, o a carbones;
las hay que solo charlan y ponen telegramas,
mas sirven a su modo;
las hay que entienden mucho de amiantos, o de grasas,
de prensas, celulosas, electrodos, nitratos;
las hay, como nosotros, dadas a la madera,
unidas por las sierra, los tupis, las machihembras,
las herramientas fieras del héroe prometeico
que entre otras nos concretan
la tarea del hombre con dos manos, diez dedos.

Tales son los oficios. Tales son las materias.
Tal la forma de asalto del amor de la nuestra,
la tuya, Andrés, la mía.
Tal la oscura tarea que impone el ser un hombre.
Tal la humildad que siento. Tal el peso que acepto.
Tales los atrevidos esfuerzos contra un mundo
que quisiera seguirse sin pena y sin cambio,
pacífico y materno,
remotamente manso, durmiendo en su materia.
Tales, tercos, rebeldes, nosotros, con dos manos,
transformándolo, fieros, construimos un mundo
contra-naturaleza, gloriosamente humano.

Tales son los oficios. Tales son las materias.
Tales son las dos manos del hombre, no ente abstracto.
Tales son las humildes tareas que precisan
la empresa prometeica.
Tales son los trabajos comunes y distintos;
tales son los orgullos, las rabias insistentes,
los silencios mortales, los pecados secretos,
los sarcasmos, las llamas, los cansancios, las lluvias;
tales las resistencias no mentales que, brutas,

obligan a los hombres a no explicar lo que hacen;
tales sus peculiares maneras de no hablarse
y unirse, sin embargo.

Mira, Andrés, a los hombres con sus manos capaces,
con manos que construyen armarios, y dínamos,
y versos, y zapatos;
con manos que manejan, furiosas, herramientas,
fabrican, eficaces, tejidos, radios, casas,
y otras veces se quedan inmóviles y abiertas
sobre ese blanco absorto de una cuartilla muerta.
Manos raras, humanas;
manos de constructores, manos de amantes fieles
hechas a la medida de un seno acariciado;
manos desorientadas que el sufrimiento mueve
a estrechar fuertemente, buscando la una en la otra.

Están así los hombres
con sus manos fabriles o bien solo dolientes,
con manos que a la postre no sé para qué sirven.
Están así los hombres vestidos, con bolsillos
para el púdico espanto de esas manos desnudas
que se miran a solas, sintiéndolas extrañas.
Están así los hombres y, en sus ojos, cambiadas,
las cosas de muy dentro con las cosas de fuera,
y el tranvía, y las nubes, y un instinto —un hallazgo—,
todo junto, cualquiera,
todo único y sencillo, y efímero, importante,
como esas cien nonadas que pasan o no pasan.

Mira, Andrés, a los hombres, ya sentados, ya andando,
tan raros si nos miran seriamente callados,
tan raros si caminan, trabajan o se matan,
tan raros si nos odian, tan raros si perdonan
el daño inevitable,
tan raros que si ríen nos enseñan los dientes,
tan raros que si piensan se doblan de ironía.
Mira, Andrés, a estos hombres.
Míralos. Yo te miro. Mírame si es que aguantas.

Dime que no vale la pena de que hablemos,
dime cuánto silencio formó tu ser obrero,
qué inútilmente escribo, qué mal gusto despliego.

Mira, Andrés, cómo estamos unidos pese a todo,
cómo estamos estando, qué ciegamente amamos.
Aunque ya las palabras no nos sirven de nada,
aunque nuestras fatigas no puedan explicarse
y se tuerzan las bocas si tratamos de hablarnos,
aunque desesperados,
bien sea por inercia, terquedad o cansancio,
metafísica rabia, locura de existentes
que nunca se resignan, seguimos trabajando,
cavando en el silencio,
hay algo que conmueve y entiendes sin ideas
si de pronto te estrecho febrilmente la mano.

La mano, Andrés. Tu mano, medida de la mía.

A Pablo Neruda

             Te escribo desde un puerto.
             La mar salvaje llora.
Salvaje, y triste, y solo, te escribo abandonado.
Las olas funerales redoblan el vacío.
Los megáfonos llaman a través de la niebla.
La pálida corola de la lluvia me envuelve.
             Te escribo desolado.

             El alma a toda orquesta,
             la pena a todo trapo,
te escribo desde un puerto con un gemido largo.
¡Ay focos encendidos en los muelles sin gente!
¡Ay viento con harapos de música arrastrada,
campanas sumergidas y gargantas de musgo!
             Te escribo derrotado.

Soy un hombre perdido.
Soy mortal. Soy cualquiera.
Recuerdo la ceniza de tu rostro de nardo,
el peso de tu cuerpo, tus pasos fatigosos,
tu luto acumulado, tu montaña de acedia,
tu carne macilenta colgando en la butaca,
tus años carcelarios.

Caliente y sudorosa,
obscena, y triste, y blanda,
la butaca conserva, femenina, aquel asco.
La pesadumbre bruta, la pena sexual, dulce,
las manchas amarillas con su propio olor acre,
esa huella indecente de un hombre que se entrega,
lo impúdico: tu llanto.

Viviendo, viendo, oyendo,
sucediéndote a ciegas,
lamiendo tus heridas, reptabas por un fango
de dulces linfas gordas, de larvas pululantes,
letargos vegetales y muertes que fecundan.
Seguías, te seguías sin vergüenza, viviendo,
¡oh blando y desalmado!

Tú, cínico, remoto,
dulce, irónico, triste;
tú, solo en tu elemento, distante y desvelado.
No era piedad la anchura difusa en que flotabas
con tu sonrisa ambigua. Fluías torpemente,
pasivo, indiferente, cansado como el mundo,
sin un yo, desarmado.

Estaciones, transcursos,
circunstancias confusas,
oceánicos hastíos, relojes careados,
eléctricos espartos, posos inconfesables,
naufragios musicales, materias espumosas
y noches que tiritan de estrellas imparciales,
te hicieron más que humano.

Así todo se funde.
Los objetos no objetan.
Liso brilla lo inmenso bajo un azul parado
y en las plumas sedantes la luz del mundo escapa,
sonríe, tú sonríes, remoto, indiferente,
bestial, grotesco, triste, cruel, fatal, adorado
como un ídolo arcaico.

Sin intención, sin nombre,
sin voluntad ni orgullo,
promiscuo, sucio, amable, canalla, nivelado,
capaz de darte a todo, común, diseminabas
podrido las semillas amargas que revientan
en la explosión brillante de un día sin memoria.
No eras ni alto ni bajo.

La doble ala del fénix:
furor, melancolía,
el temblor luminoso de la espira absorbente;
la lluvia consentida que duerme en los pianos;
las canciones gangosas lentamente amasadas;
los ojos de paloma sexuales y difuntos;
cargas opacas; pactos.

Caricias o perezas,
extensiones absortas
en donde a veces somos tan tercamente abstractos
y otras veces los pelos fosforecen sexuales,
y fría, dulce, ansiosa, la lisa piel de siempre,
serpiente, silba, sorbe y envuelve en sus anillos
un triste cuerpo amado.

No hay clavo último ardiendo,
no hay centro diamantino,
no hay dignidad posible cuando uno ha visto tanto
y está triste, está triste, sencillamente triste,
se entrega atribulado y en lo efímero sabe
ser otro con los otros, de los otros, en otros:
seguir, seguir flotando.

¡Oh inmemorial, oh amigo
              amorfo, indiferente!
Deslizándote denso de plasmas milenarios,
tardío, legamoso de vidas maceradas,
cubierto de amapolas nocturnas, indolente,
por tu anchura sin ojos ni límites, acuosa,
              te creía acabado.

              Mas hoy vuelves; proclamas,
              constructor, la alegría;
te desprendes del caos; determinas tus actos
con voluntad terrena y aliento floral, joven.
Ni más ni menos que hombre, levantas tu estatura,
recorres paso a paso tu más acá, lo afirmas,
              llenas tu propio espacio.

              Los jóvenes obreros,
              los hombres materiales,
la gloria colectiva del mundo del trabajo
resuenan en tu pecho cavado por los siglos.
Los primeros motores, las fuerzas matinales,
la explotación consciente de una nueva esperanza
              ordenan hoy tu canto.

              Contra tu propia pena,
              venciéndote a ti mismo,
apagando, olvidando, tú sabes cuánto y cuánto,
cuánta nostalgia lenta con cola de gran lujo,
cuánta triste sustancia cotidiana amasada
con sudor y costumbres de pelos, lluvias, muertes,
              escuchas un mandato.

              Y animas la confianza
              que en ti quizá no existe;
te callas tus cansancios de liquen resbalado;
te impones la alegría como un deber heroico.
¡Por las madres que esperan, por los hombres que aún
                                                          [ríen,
debemos de ponernos más allá del que somos,
              sirviéndolos, matarnos!

Con rayos o herramientas,
con iras prometeicas,
con astucia e insistencia, con crueldad y trabajo,
con la vida en un puño que golpea la hueca
cultura de una Europa que acaricia sus muertos,
con todo corazón que, valiente, aún insiste,
del polvo nos alzamos.

Cantemos la promesa,
quizá tan solo un niño,
unos ojos que miran hacia el mundo asombrados,
mas no interrogan; claros, sin reservas, admiran.
¡Por ellos combatimos y a veces somos duros!
¡Bastaría que un niño cualquiera así aprobara
para justificarnos!

Te escribo desde un puerto,
desde una costa rota,
desde un país sin dientes, ni párpados, ni llanto.
Te escribo con sus muertos, te escribo por los vivos,
por todos los que aguantan y aún luchan duramente.
Poca alegría queda ya en esta España nuestra.
Mas, ya ves, esperamos.

De *Paz y concierto*
(1952-1953)

Pasa y sigue

Uno va, viene y vuelve, cansado de su nombre;
va por los bulevares y vuelve por sus versos,
escucha el corazón que, insumiso, golpea
como un puño apretado fieramente llamando,
y se sienta en los bancos de los parques urbanos,
y ve pasar la gente que aún trata de ser alguien.

Entonces uno siente qué triste es ser un hombre.
Entonces uno siente qué duro es estar solo.
Se hojean febrilmente los anuarios buscando
la profesión «poeta» —¡ay, nunca registrada!—.
Y entonces uno siente cansancio, y más cansancio,
solamente cansancio, tiempo lento y cargado.

Quisiera que escucharais las hojas cuando crecen,
quisiera que supierais lo que es abrirse el aire
creyendo que uno colma de evidencia el instante
con su golpe de savia y ascendencia situada,

quisiera que pensarais después de tanto esfuerzo
que esa gloria y sorpresa fueron luz, fueron nada.

Lloraríais conmigo la lágrima o la estrella,
lloraríais verdades de temblor transparente,
caeríais como gotas de lo espeso afligido
y en lo pálido y liso diminutos tambores
sonarían al paso de los números neutros
como largos sumandos de implacable cansancio.

Lloraríais, y, ¡ay!, lloro, yo, plural, yo, horadado,
desalmándome lento, sintiendo ya los huesos
que, sueltos, se golpean, y al fin, desencajados,
baten, baten, aventan —polvo y paja— mi vida.
Lloraríais si vierais cómo pienso en vosotros.
Lloraríais, y, ¡ay!, lloro, lluevo amén mi fatiga.

Da miedo ser poeta; da miedo ser un hombre
consciente del lamento que exhala cuanto existe.
Da miedo decir alto lo que el mundo silencia.
Mas ¡ay! es necesario, mas ¡ay! soy responsable
de todo lo que siento y en mí se hace palabra,
gemido articulado, temblor que se pronuncia.

Pensadlo: ser poeta no es decirse a sí mismo.
Es asumir la pena de todo lo existente,
es hablar por los otros, es cargar con el peso
mortal de lo no dicho, contar años por siglos,
ser cualquiera o ser nadie, ser la voz ambulante
que recorre los limbos procurando poblarlos.

A través de mí pasa: yo irradio transparente,
yo transmito muriendo, yo sin yo doy estado
al hombre que si mira parece que algo exige,
y simplemente mira, me está siempre mirando,
y esperando, esperando desde hace mil milenios
que alguien pronuncie un verso donde poder tenderse.

Sonámbulos acuden a mí los que no saben
si sufren o si sólo por no muertos del todo

aún siguen suspirando sin encontrar su forma,
su expresión absoluta, su descanso y mi olvido.
Y como quien conjura fantasmas yo pronuncio
palabras en que dejo de ser quien soy por ellos.

Cuando grito, no grita mi yo para decirse.
Cuando lloro, quien llora dentro de mí es cualquiera,
y es tan sólo en los otros donde vivo de veras.
Mis cantos son los cantos rodados que una mansa
corriente milenaria suaviza y uniforma,
y el murmullo del agua los va deletreando.

¡Oh jóvenes poetas!, mirad, estoy llamando,
hundido en ese fondo que aún no ha sido expresado
de los muertos y el muerto que yo sumo al fracaso.
Decid lo que no supe, lo que nadie aún ha dicho.
Yo cumplí lo que pude, pero todo fue en vano,
y hoy me siento cansado —perdonadme—, cansado.

No me hagáis más preguntas. Cantad cara al mañana
lo común de la sangre, lo perpetuo y corriente.
No, al solo yo atenidos, penséis que vuestra muerte
es la muerte sin vuelta y el fin de vuestro anhelo.
Mientras haya en la tierra un solo hombre que cante,
quedará una esperanza para todos nosotros.

Otoño

Bosques rojos, islas de oro,
otoño fiel como un secreto antiguo,
maduro corazón
cargado de sustancias de vida macerada,
al fin, al fin extraigo
de tanta pesarosa conciencia trabajada,
la lenta gota espesa, dulcísima y difícil,
la lágrima cuajada, la estrella temblorosa,
la rara lucidez indiferente
de la muerte en cuyos ojos me veo y no me veo.

Voy pasando despacio las hojas transparentes
del libro fabuloso que fascinó mi infancia,
mas siempre, releído, parece un cuento nuevo,
y este andar entre robles
y pájaros fastuosos de cola inverosímil,
considerando el lento,
cansado y ya tranquilo,
largamente pensado transcurso de mi olvido.

En el silencio antiguo de un parque con princesas,
ciervos de ojos azules y mágicos recuerdos,
suena un fruto cayendo
—cae redondo, pisando dócilmente terreno—,
y alguien abre los ojos saliendo de su sueño,
y escucha con sigilo
el paso de una leve muchacha de otro tiempo,
que amó, que si aún camina
es más que dulcemente, fuera ya de este mundo.
Otoño, buen amigo,
temblor como en suspenso por las ramas desnudas,
más altas, más delgadas,
más últimas, y a punto de lograr lo continuo,
¡acógeme!, ya extraigo
del licor turbulento de mi vida este azúcar,
quizá melancolía,
como si recordara que yo soy más antiguo
que todo cuanto puedo decir. Y así sonrío.

Corazón en espira, tornasol hacia dentro,
el tiempo se detiene
y es una melodía que se encierra en sí misma,
de tan vertiginosa, casi quieta.
¡Oh bosque en que sonámbulo transcurro
y es como si estuviera soñando sin saberlo,
o bien tan despierto,
que todo se vuelve raro, trascendentemente claro!
¡Oh silencio esencial de la belleza!
¡Oh mundo más que humano, cerca y lejos,

recogido en esa «*summa*»
de las sumas que es un cuento y no una cuenta!
¡Oh existencia no existente,
memoria de una posible vida ya tan remota,
que parece imaginada,
y en los parques que rastrea largo y bajo el sol poniente
cursa extáticos reflejos
del corazón viejo y joven que al fin me saco del pecho!

Tan lentamente llegué a esta clara ausencia,
tan largamente vi venir este instante,
tan siendo el mismo, me siento ahora muy lejos,
que me asusto si me miro
y parándome, desdoblo fantomáticas presencias,
o bien recorro —caricia
triste y sensual— mi pasado,
y aunque no apruebo, bendigo cuanto ha sido sucediendo
sin conclusión ni descanso, porque sé, fue necesario.
Necesario. Ya cumplido.
Vuelvo a un total que permite que me mire desde lejos
y en la imagen de mi infancia me encuentre ya, retratado
por la luz de una sorpresa,
por el misterio de un cuento y una mágica distancia
conmigo chiquito al fondo,
asomándose a esa pausa, descubierto en mi destino.
Miro muy lejos: ¡qué claro!
Y estoy tranquilo. Tranquilo.

Viejos robles, oros equis
del Poniente y de los zumos de mi vida trabajada.
¡Ay temblores transparentes de las ramas!,
¡ay fábulas y distancias
que vuelven a ser creíbles cuando la vida no es nada,
cuando se exprime la dulce
melancolía del tiempo,
cuando a través de los años bien contados, extasiada,
sonríe una novia niña,
bendicen nuestros mayores
y las canciones conmueven más por viejas que por bellas!

Largamente me demoro
en recuerdos más secretos, más vividos,
más míos que mi conciencia,
más para siempre logrados por hombres que no recuerdo,
más sencillos, más pausados,
más propicios a la clara
muerte-madre que sonríe en lo suspenso.

La noche

Belleza: paz no humana: negro espejo
del cielo donde un niño va exponiendo
como en un encerado sus lecciones,
los cálculos y mapas que los astros
apuntan desde lejos titilando,
los bellos teoremas dibujados
por tizas que de pronto se hacen plata
mordiente que en las láminas del frío
retrata los relámpagos parados,
y el esquema vibrátil de lo exacto,
y el dorso estremecido de la anchura
que flota en un silencio de balanzas.

Fulgores detenidos, diminutos
poliedros cristalizan en los golfos
de sombra de un piano que navega
como un monstruo abisal, fosforeciendo,
o escarchan apretada luz crujiente
en los largos cabellos de una amante
que ondula, ya sin forma, dulcemente.
Son las constelaciones, mito y cifra,
temblores compensados que organizan
—¡oh nocturno diamante!— su sistema,
su paz no violada, la belleza
que irradia, remotísimo, el destino.

Ingenuas o divinas, obedientes
a Aquello que nos mira con un ojo,

y tan sólo con uno, sin escape,
me exponen lo que exponen fríamente,
sin sentir mis latidos, sólo míos,
pues lo justo, por bello, es más que humano
e ignora mis minúsculos dolores,
recoge en sólo un centro mis mil muertes,
compone con miríadas de destellos
personales, terribles de uno en uno,
lo augusto de una paz que nos ignora,
perdona desde lejos, brilla ausente.

Miro un total que el éxtasis absuelve.
Hay, punto a punto, estrellas que no cabe
arrasar con mi llanto de hombre a solas.
Ferozmente tranquilas, como muertos
que no pueden morir, me están mirando;
mas, pese a sus excesos, sólo existen
como partes de un algo que es más vasto.
¡Oh evidencia que en vano está asaltando
mi yo a golpes de pecho acelerado!
Lo bello y necesario, ya resuelto
en calma por los astros concertados,
asume mi destino, me consuela.

Lanzado a lo imposible, tal la apuesta
que el cero a lo infinito le plantea,
descarando mi nada, por absurda
totalmente absoluta, yo propuse
la acción. Mas nada pude. Y hoy contemplo,
simplemente contemplo, ya rendido,
lo bello que me envuelve y pacifica:
vuelo inmóvil, levísimo equilibrio
del espacio que late sustentando
mi extática quietud, casi cantada,
y aquello que sucede por sí mismo,
durando sin pasar, vertiginoso.

Blanquísimo y candente, decisivo
corazón de la estrella no tangible

que fulge indiferente y en la nada
ensaya su presencia indivisible,
¡qué exacta es tu locura!, ¡qué silente
tu instante equilibrado en el concierto
que se explaya tranquilo, sin conciencia,
según mandan las leyes no divinas,
ni humanas, ni terribles, sólo exactas,
que casi, casi enuncio, mas no puedo
comprender, pues que no tienen respuesta
para aquello que exijo, cuando muero!

¡Oh negra melodía fascinada
que por dentro del cuerpo me levanta!
¡Oh sierpe pesarosa de dulzura,
ave arcaica y sin alas por las venas
y tubos del silencio dilatando
mi pulso melancólico y aislado!
¡Oh planta, y animal, y hombre dudoso!,
olvidando la rabia que os retuerce,
la furia celular y el vago encanto
que forma mi conciencia y os recuerda,
llamo a la muerte por su nombre oculto,
la llamo bella sigilosamente.

No quiero recordar cuánto he gritado
que yo soy sólo yo, no repetible,
precioso y recogido, recargado
de intenciones que allí, donde los astros
gozan de su apariencia, se esparraman
en actos prodigiosos, calculables
para el hombre que yo soy cuando pienso,
temblando transparente, procurando
ser de tanto no ser quien siempre ha sido.
Pues, ¿qué importa mi yo? Floto tranquilo,
suspenso en lo expectante de un silencio,
y el fiel de este vaivén es la belleza.

Es el séptimo día. Se descansa.
Cuanto existe se muestra por sí mismo,

mordiendo lo inmediato, consecuente,
y al mismo tiempo ambiguo si sonríe
en la anchura que mata perdonando,
completa felizmente curvas vagas
que expresan lo que no puede pensarse:
la paz con ironía, la dulzura
terrible y succionante de la nada,
el arcaico terror ante una amante
que apaga su mirada cuando besa,
la nada que así reina dentro y fuera.

Es el séptimo día: todo queda
presente y vacilante, casi dicho,
remoto y transparente, equilibrado,
y el hombre lo contempla, levemente
dudando de sí mismo, no sabiendo
si solo abandonarse es su destino,
si toda la belleza queda fuera
del mundo que él habita, si sus actos
son errores en un total ya dado.
Y entonces, vivo y muerto, traspasado,
descubre las verdades sin conciencia
que flotan en la anchura como absueltas.

Contigo

A Amparito.

Si, de par en par, tus ojos
me miran, no sé qué miran.
¡Cuánta luz para mí solo!
¡Cuánta avidez detenida!
¿Qué te exalta? ¿Qué me exiges?
Tanta alegría, ¿no es ira?
¿No es una gloria que pierde
la razón por excesiva
y un esplendor tenebroso
de naranja dulce y fría?

La noche ya no es la noche,
se trasciende submarina.
Tú no eres tú. Te trastorna
un más allá que te irisa.
Apágate poco a poco.
Hazte, chiquita, más mía.

Cuando te tengo y me tienes,
somos la eterna pareja,
somos la forma indivisa,
somos isla en las tinieblas.
Cuando navego fundido
por tu espesada indolencia,
cuando, abrazándote, encuentro
la redondez del planeta,
somos a muerte la vida
que en mí tiembla, que tú encierras.
Allá fuera queda el mundo
con sus relojes a vueltas,
sus faroles alineados,
sus timbres siempre de urgencia.
Aquí dentro, tú y yo juntos
completamos la conciencia.

Parece que todo empieza
y acaba cuando sonrío
recogiéndote, apretado
calor pequeño y sombrío,
delicia casi sin forma.
¡Oh mi dulce animalito
de ojos vivos!, te descubro
y empiezo por el principio.
Por ti, todo me resulta
tan justo como sencillo.
Todo bello, tan concreto,
que sobran los adjetivos.
Fechas, cielos, horas, sitios
exactos y nombres propios
me bastan; y en el instante
vulgar hallo un paraíso.

Enumero: Tximistarri,
Nordeste, trece de junio,
dieciséis grados, dos tarde,
mar picado, viento vivo.
Y ese momento, de pronto,
contigo al lado, es distinto.
Nos bañamos. Devoramos
huevos duros, bocadillos,
tomates con mayonesa
y tanto da, nos reímos.
Y una alegría tremenda
de tenerte, de estar vivo,
de ser así como somos
mágicamente sencillos,
me enseña cómo se puede
prescindir de lo infinito.

Cada instante es un instante
en que se da lo absoluto.
En cada gozo concreto
tengo la vida en un puño.
La corbata que he estrenado,
el cigarrillo que fumo,
el olor de una manzana,
el besarte que disfruto,
son actos que, bien vividos,
dan lo total en un punto.
Nada es vulgar, nada es vano
si en ello, a fondo, me sumo.
Cuando el pulso bate lleno
no hay pasado, ni hay futuro,
sólo hay presente, regalo,
cuerpos y actos, ser maduro.

Sé que no puedo, no debo
guardar para mí escondidos
estos gozos que parecen,
de puro tontos, fingidos.

Quiero cantar para todos
como me pide tu instinto.
Las palabras que me brotan
buscan en ti su sentido.
Tú dices: «Esto me gusta.
Lo entendería hasta un niño.»
O dices (¡con qué desprecio!):
«Estos versos son bonitos.»
O dices: «Yo soy del pueblo;
no te entiendo, señorito.»
Y entonces no sé qué siento.
Y me avergüenzo. Y corrijo.

Vamos así por el mundo
caminando, sonriendo,
recogiendo luces chicas
con la punta de los dedos
y poniendo telegramas
de alegría para el pueblo.
Unidos, no nos aislamos,
proponemos un ejemplo.
Salvamos lo que nos dejan.
Luchamos como podemos.
—«Los pobres, como Dios manda,
se aguantan», dicen los secos.
Mas nosotros, de la mano,
vamos andando y pidiendo
la libertad que queremos
para todos, al querernos.

De *Cantos Iberos*
(1955)

A Sancho Panza

Sancho-bueno, Sancho-arcilla, Sancho-pueblo,
tu lealtad se supone,
tu aguante parece fácil,
tu valor tan obligado como en la Mancha lo eterno.

Sancho-vulgar, Sancho-hermano,
Sancho, raigón de mi patria que aún con dolores perdura
y, entre cínico y sagrado, pones tu pecho a los hechos,
buena cara a malos tiempos.

Sancho que damos por nada,
mas presupones milenios de humildad bien aceptada,
no eres historia, te tengo
como se tiene la tierra patria y matria macerada.

Sancho-vulgo, Sancho-nadie, Sancho-santo,
Sancho de pan y cebolla
trabajado por los siglos de los siglos, cotidiano,
vivo y muerto, soterrado.

Se sabe sin apreciarlo que eres quien es, siempre el mismo.
Sancho-pueblo, Sancho-ibero,
Sancho entero y verdadero,
Sancho de España es más ancha que sus mil años y su
[cuento.

Vivimos como vivimos porque tenemos aún tripas,
Sancho Panza, Sancho terco.
Vivimos de tus trabajos, de tus hambres y sudores,
de la constancia del pueblo, de los humildes motores.

Sancho de tú te la llevas,
mansa sustancia sin mancha,
Sancho-Charlot que edificas como un Dios a bofetadas,
Sancho que todo lo aguantas.

Sancho con santa paciencia,
Sancho con buenas alforjas,
que en el último momento nos das, y es un sacramento,
el pan, el vino y el queso.

Pueblo callado, soporte
de los fuegos de artificio que con soberbia explotamos,
Sancho-santo, Sancho-tierra, Sancho-ibero,
Sancho-Rucio y Rucio-Sancho que has cargado con los
[fardos.

Hoy como ayer, con alarde,
los señoritos Quijano siguen viviendo del cuento,
y tú, Sancho, les toleras y hasta les sigues el sueño
por instinto, por respeto, porque creer siempre es bueno.

Cabalgando en tus espaldas se las dan de caballeros
y tú, pueblo, les aguantas, y levantas —tentetieso—
lo que puede levantarse. Y aun sabiendo lo que sabes
nunca niegas tus servicios; ¡santo y bueno!

Sancho-Quijote y a un tiempo Sancho de basta de cuentos,
Sancho-amén de tiempo al tiempo,
Sancho que aún hecho y derecho, ya dé vuelta del Im-
al señorito Quijano le tratas de caballero.   [perio,

Sancho-claro, Sancho-recio,
Sancho que vistes las cosas como son y te callaste,
metiendo el hombro, tratando
de salvarnos del derrumbe con tu no lírico esfuerzo.

Hombre a secas, Sancho-patria, pueblo-pueblo,
pura verdad, fiel contraste
de los locos que te explotan para vivir del recuerdo,
¡ya ha llegado tu momento!

Sancho-vulgo, Sancho-ibero,
porque tú existes, existen aún mi patria y mi esperanza.
Porque hay patria y esperanza vas a existir tú de veras
con menos sueño y más tierra.

Tu libertad es instinto. Tus verdades son sencillas:
al pan, pan, y al vino, vino,
y a cada cual lo debido:
lo que le cumple por hombre con un único camino.

Sancho-firme, Sancho-obrero,
ajustador, carpintero, labrador, electricista,
Sancho sin nombre y con manos de constructor y un
viejo y nuevo, vida al día.   [oficio,

Quiero darte la confianza que pretendieron robarte.
Quiero decirte quién eres.
Quiero mostrarte a ti mismo tal como tú fuiste siempre,
Sancho humilde, Sancho fuerte.

En ti pongo mi esperanza
porque no fueron los hombres que se nombran los que
                                              [hicieron
más acá de toda historia —polvo y paja— nuestra patria,
sino tú como si nada.

Sancho-tierra, Sancho-santo, Sancho-pueblo,
tomo tu pulso constante,
miro tus ojos que brillan aun después de los desastres.
Tú eres quien es. ¡Adelante!

Todos a una

Cada vez que muere un hombre,
todos morimos un poco, nos sentimos como un golpe
del corazón revulsivo que se crece ante el peligro
y entre espasmos recompone
la perpetua primavera con sus altas rebeliones.

Somos millones. Formamos
la unidad de la esperanza.
Lo sabemos. Y el saberlo
nos hace fuertes; nos salva.

Nos sentimos como un golpe
que sin brotar se ha quedado temblorosamente en vilo.
Nos sentimos sin sentirnos,
fabulosamente dulces, dolorosamente ciertos.
Nos sentimos un nosotros. Palpitamos colectivos.

Corazón, corazón,
dulce sol interior,
me iluminas, me envuelves:
soy más de lo que soy.

Cada vez que un combatiente
se desangra, con su sangre derramada yo hago versos,
canto y muero en él creciendo,
digo quién soy, quiénes somos, quién en nosotros, invicto,
testimonia lo perpetuo, sopla espíritu en el fuego.

Yo resucito en los muertos
si los siento en camarada,
y ellos en mí, yo con ellos
permanezco y canto. ¡Canta!

Allá lejos, ¿quién me espera?
Aquí al lado, ¿quién me pide simplemente una mirada
tan terrible, tan difícil

como dar cara diciendo que —perdón— no pasa nada?
Mas le miro y en mis ojos devorantes hay mañana.

Nos alzamos uno en otro.
Somos quien somos: varones
tan seguros de sí mismos
que renuncian a su nombre.

Cada vez que siento en vivo
mi corazón, me pregunto quién me exige más conciencia,
me pregunto quién me llama
o, con alarma, ¿qué pasa?
Mas no pasa, siempre queda y es la unidad que en mí
[canta.

¿Quién se atreve a condenarnos?
Somos millones, millones.
Somos la luz que se extiende.
¡Miradnos! Somos el hombre.

Mañana será otro día

Los días y más días
iguales suman cero.
Rodar, rodar: inercia
del falso movimiento.
La rutina confunde
la nada con lo eterno;
lo estúpido bosteza,
da vueltas como absuelto,
y luchar nos parece
girar en ese cielo
inútilmente loco,
sistemático y ciego.
No obstante pongo en alto
mi «mañana, veremos».

Te siento indestructible,
corazón que levantas

mi ser, ser para todos,
una voz que se ensancha,
mi ser con alegría
de fuerza acompasada,
el pálpito conjunto
de una hermosa constancia,
la unidad de los puros,
la magnética calma,
la luz que inmoviliza
o el ojo que agiganta
los bellos pormenores
que anuncian «¡hay mañana!»

Te siento indivisible,
corazón, en tu pausa
de universal latido.
¡Oh total, oh confianza
que pautas la evidencia
sencillamente humana,
la guerra de los justos,
la gloria declarada,
las multiplicaciones
de la luz que es un ala,
y, entera y verdadera,
la decisión con calma
de cuantos compartimos
la fe que siempre avanza!

Y el saber que no pueden
matarnos, que si tratan
de matar estos brotes,
crecerá nuestra rabia,
crecerá la evidencia,
crecerá cuanto exalta,
crecerá como crece
mi canto, camaradas,
nos arma de paciencia,
nos da valor, nos salva.
¿Qué importa un hombre solo

frente a tanta esperanza?
¿Cómo pueden matarnos?
Nuestro nombre es Mañana.

poesía social

La poesía es un arma cargada de futuro

Cuando ya nada se espera personalmente exaltante,
mas se palpita y se sigue más acá de la conciencia,
fieramente existiendo, ciegamente afirmando,
como un pulso que golpea las tinieblas,

cuando se miran de frente
los vertiginosos ojos claros de la muerte,
se dicen las verdades:
las bárbaras, terribles, amorosas crueldades.

Se dicen los poemas
que ensanchan los pulmones de cuantos, asfixiados,
piden ser, piden ritmo,
piden ley para aquello que sienten excesivo.

Con la velocidad del instinto,
con el rayo del prodigio,
como mágica evidencia, lo real se nos convierte
en lo idéntico a sí mismo.

Poesía para el pobre, poesía necesaria
como el pan de cada día,
como el aire que exigimos trece veces por minuto,
para ser y en tanto somos dar un sí que glorifica.

Porque vivimos a golpes, porque apenas si nos dejan
decir que somos quien somos,
nuestros cantares no pueden ser sin pecado un adorno.
Estamos tocando el fondo.

Maldigo la poesía concebida como un lujo
cultural por los neutrales

que, lavándose las manos, se desentienden y evaden.
Maldigo la poesía de quien no toma partido hasta man-
[charse.

Hago mías las faltas. Siento en mí a cuantos sufren
y canto respirando.
Canto, y canto, y cantando más allá de mis penas
personales, me ensancho.

Quisiera daros vida, provocar nuevos actos,
y calculo por eso con técnica, qué puedo.
Me siento un ingeniero del verso y un obrero
que trabaja con otros a España en sus aceros.

Tal es mi poesía: poesía-herramienta
a la vez que latido de lo unánime y ciego.
Tal es, arma cargada de futuro expansivo
con que te apunto al pecho.

No es una poesía gota a gota pensada.
No es un bello producto. No es un fruto perfecto.
Es algo como el aire que todos respiramos
y es el canto que espacia cuanto dentro llevamos.

Son palabras que todos repetimos sintiendo
como nuestras, y vuelan. Son más que lo mentado.
Son lo más necesario: lo que tiene nombre.
Son gritos en el cielo, y en la tierra, son actos.

De *Las resistencias del diamante*
(1957)

Introducción

El agua entre las piedras, la luz contra los dientes,
el tiempo entrecortado por los hechos mortales,
lo que aún mordido, escapa: lo común y corriente.

¡Oh vida siempre nueva que rubrica la sangre!,
me persigues, prosigues, lames donde me duele,
curas, igualas, rezas: «No es nada; no te pares».

Las piedras hieren, duelen. Los hombres permanecen
donde están, secamente; sin pensar hacer daño
a todo lo que vive, sale de sí: sucede.

Los hombres, ciertos hombres, están mascando esparto
mientras otros, cantando, son el agua en que sigo,
y hasta besan los guijos, y los van alisando.

Signos clavados, leyes, prestigios de lo fijo,
tradición en que choco y así me deletreo,
confort mental, sistemas, rutina a lo divino,

muertos embalsamados en que, impío, tropiezo,
sin querer, sin saber. ¡Oh hermanos enemigos,
no destruyáis, sin verme siquiera, lo que alegro!

Me duele el esqueleto, la sociedad en que vivo,
la silla en que me siento, lo muerto fuera y dentro.
Me duele vuestra inercia; me enciende vuestro frío

y os llamo piedras, piedras, pues estoy dando en seco
mientras paso —pasamos—, pese a todo me sigo
y me siento, si fluyo, como un perpetuo invento.

¡Ay, quiero ser!, queremos, amantes serpentinos,
ser líquida caricia, ser sin ser, ser lo otro,
ser más que lo que somos, ¡oh ersatz del infinito!

Pueden morder los dientes del reloj y del odio,
pueden llamarme loco los que dicen que me aman,
pueden darme los hombres con su ley en el rostro,

pueden ponerme piedras, pueden abrirme llagas
para luego besarlas y decir: «Te perdono»,
pueden, sí. Pueden mucho. Mas yo soy lo que escapa.

No es fácil ser poeta, cantar en este bronco
mundo paralizado que, cuanto más me hiere,
más provoca las iras no santas del yo roto.

Mas transcurro, transcurro. Soy el agua corriente
que choca y se hace espuma, se muestra al descubierto.
Soy quien soy, manifiesto. Soy por ser quien se atreve.

El mundo se desprende del lujo de sus sueños,
de su traje de noche, de su temblor fulgente,
y es vida, vida, vida. Sólo vida. Me muero.

Es aquí y es ahora, es aquí, donde duelen
las cosas más pequeñas, donde en verdad me siento.
Palpitante, impalpable, soy abierto, al presente.

Salgo del laberinto de mi yo. Canto el hecho
de unos hombres vulgares. Y en ellos me edifico.
Construyo el heroísmo. Remuerdo el sufrimiento.

De *De claro en claro*
(1956)

Los jóvenes amantes

Los jóvenes amantes
sonríen vagamente
y pasan por el aire
palomas transparentes
o esas brisas tan suaves
que diciéndose, mueren.

En el turbio domingo,
los jóvenes amantes
son felices; su signo
multiplica las aves.
¡Oh sencillez, prodigio
del bien vivido instante!

El mundo en torno fluye
y arrastra los despojos,
ciego de pesadumbre.
A solas, todo es dolo.

A dos, la vida fulge
y el mundo estalla, hermoso.

Los jóvenes amantes
descubren lo evidente:
el aire que es el aire,
la gloria intrascendente
que canta en lo cambiante,
la alegría inmanente.

¡Oh juventud, sobrante!
¡Oh las mil maravillas!
Los jóvenes amantes
piden cosas sencillas.
Denles lo que no vale
y ellos pondrán la vida.

Se miran extasiados.
¡Luz, más luz! No hay espejo.
Están enamorados
y son por eso bellos,
tan límpidos y claros
que hacen llorar sus besos.

Nada existe salvo el rostro
sin facciones de algo inmenso,
o esos ojos luminosos
que equivocan el deseo.
Miro. Me miras. ¿Qué invoco?
La evidencia del misterio.

Momentos felices

Cuando llueve, y reviso mis papeles, y acabo
tirando todo al fuego: poemas incompletos,
pagarés no pagados, cartas de amigos muertos,
fotografías, besos guardados en un libro,
renuncio al peso muerto de mi terco pasado,

soy fúlgido, engrandezco justo en cuanto me niego,
y así atizo las llamas, y salto la fogata,
y apenas si comprendo lo que al hacerlo siento,
¿no es la felicidad lo que me exalta?

Cuando salgo a la calle silbando alegremente
—el pitillo en los labios, el alma disponible—
y les hablo a los niños o me voy con las nubes,
mayo apunta y la brisa lo va todo ensanchando,
las muchachas estrenan sus escotes, sus brazos
desnudos y morenos, sus ojos asombrados,
y ríen ni ellas saben por qué sobreabundando,
salpican la alegría que así tiembla reciente,
¿no es la felicidad lo que siente?

Cuando llega un amigo, la casa está vacía,
pero mi amada saca jamón, anchoas, queso,
aceitunas, percebes, dos botellas de blanco,
y yo asisto al milagro —sé que todo es fiado—,
y no quiero pensar si podremos pagarlo;
y cuando sin medida bebemos y charlamos,
y el amigo es dichoso, cree que somos dichosos,
y lo somos quizá burlando así la muerte,
¿no es la felicidad lo que trasciende?

Cuando me he despertado, permanezco tendido
con el balcón abierto. Y amanece: las aves
trinan su algarabía pagana lindamente:
y debo levantarme, pero no me levanto;
y veo, boca arriba, reflejada en el techo
la ondulación del mar y el iris de su nácar,
y sigo allí tendido, y nada importa nada,
¿no aniquilo así el tiempo? ¿No me salvo del miedo?
¿No es la felicidad lo que amanece?

Cuando voy al mercado, miro los abridores
y, apretando los dientes, las redondas cerezas,
los higos rezumantes, las ciruelas caídas
del árbol de la vida, con pecado sin duda

pues que tanto me tientan. Y pregunto su precio,
regateo, consigo por fin una rebaja,
mas terminado el juego, pago el doble y es poco,
y abre la vendedora sus ojos asombrados,
¿no es la felicidad lo que allí brota?

Cuando puedo decir: el día ha terminado.
Y con el día digo su trajín, su comercio,
la busca del dinero, la lucha de los muertos.
Y cuando así cansado, manchado, llego a casa,
me siento en la penumbra y enchufo el tocadiscos,
y acuden Kachaturian, o Mozart, o Vivaldi,
y la música reina, vuelvo a sentirme limpio,
sencillamente limpio y, pese a todo, indemne,
¿no es la felicidad lo que me envuelve?

Cuando tras dar mil vueltas a mis preocupaciones,
me acuerdo de un amigo, voy a verle, me dice:
«Estaba justamente pensando en ir a verte.»
Y hablamos largamente, no de mis sinsabores,
pues él, aunque quisiera, no podría ayudarme,
sino de cómo van las cosas en Jordania,
de un libro de Neruda, de su sastre, del viento,
y al marcharme me siento consolado y tranquilo,
¿no es la felicidad lo que me vence?

Abrir nuestras ventanas; sentir el aire nuevo;
pasar por un camino que huele a madreselvas;
beber con un amigo; charlar o bien callarse;
sentir que el sentimiento de los otros es nuestro;
mirarse en unos ojos que nos miran sin mancha,
¿no es esto ser feliz pese a la muerte?
Vencido y traicionado, ver casi con cinismo
que no pueden quitarme nada más y que aún vivo,
¿no es la felicidad que no se vende?

De *Entreacto*
(1957)

SE HA PERDIDO UN HOMBRE (SUITE)

Anuncio

Se ha perdido un hombre
calvo, de ojos claros.
Se ignora su nombre.
Ya no tiene años.
Confunde su vida
con lo que ha inventado.
Viste como todos.
No es ni alto ni bajo.

Se ha perdido un hombre
que salió buscando
algo cuyo nombre
ya se le ha olvidado.
Si alguien se lo encuentra,
diríjale al cuarto
de Juan de Bilbao,

Donostia (España).
Le estoy esperando.

Vals

La mar se envuelve en sí misma:
vals.
¡Amor mío, amor mío, méceme en tu compás!
Mátame un poco más.

Espumas, puntillas, volantes: tu falda
rueda rumorosa, gira sí es, no es.
Se asoma y se oculta
el pie pequeñito que yo no diré.

Las olas ensayan, ya en hueco, o convexas,
a Venus: belleza cambiante, vaivén.
¿Va a pararse? ¿Existe?
Las rosas se exaltan girando al revés.

¡Amor impalpable! ¡Y vuelta a empezar!
¡Ay!
Se ha perdido un hombre por bailar un vals:
el vals de las olas que vienen y van.

CINE RETROSPECTIVO

La Bertini

La pasión gira
siempre al revés
y la Bertini
da el mal por bien.

Sus ojos grandes
de lepra y sed
son la tormenta
central, sin ley.

Y ¡qué bien lloran!
Parece que
morder es tierno,
temblar, arder.

El sentimiento
es en su envés
un sexo grande,
un cáliz fiel.

Pequeño insecto,
carbón y amén
del doble fuego
y el sí es no es.

La mariposa
lleva corsé.
Con lazos y alas
valsa un vaivén.

Vieja Bertini,
bestia-mujer,
monstruo adorable,
beso tus pies.

Shirimiri

La lluvia llueve.
        La lluvia canta.
La lluvia suma
        sin fin nostalgias.
¡Melancolía!
        Vida apagada.
Luz submarina,
        plata oxidada
de los espejos
        y las arañas.
Grutas secretas.
        Calles sin alma.
Pienso en mí mismo.
        No pienso nada.
Llueve igualando.
        Llueve constancia.
Tras los visillos
        una muchacha

está mirando
        algo que calla.
La lluvia sigue.
        La lluvia mansa.
Detrás presiento
        mi fuerza vasca,
la luz de origen
        contra la nada.
Trueno que truena,
        vida que arranca,
caballo negro
        sudando plata,
visto y no visto
        por mi nostalgia,
Urtzi galopa
        por la montaña.
Rayo en la niebla,
        ronca llamada
del olvidado
        dios que hoy me arrastra
mientras la lluvia
        llueve sin alma.

Los Caballeritos de Azcoitia

Los Caballeritos
de Azcoitia. ¿Quién vio
en la España muerta,
mejor irrupción?

                Los Caballeritos
                que desafiaron
                con gesto elegante
                lo inerte y lo opaco.
                Los Caballeritos,
                tan libres de espanto,
                que a Rousseau le hablaron
                de tú en esperanto.

                    Los herejes, dijo
                    Menéndez Pelayo.

Los Caballeritos
de Azcoitia: la luz
que torea el hecho
bruto de un testuz.

                    Los Caballeritos
                    se lavan las manos.
                    Nada por arriba.
                    Nada por debajo.
                    Nada entre sus mangas,
                    ni en su almidonado.
                    No hay trampa posible.
                    Tampoco milagro.
                    Piensan lo posible
                    y es real lo exacto.

Los Caballeritos
de Azcoitia: la paz
de la inteligencia
y de la equidad.

                    Los Caballeritos
                    correctos, pensando
                    técnicas, detalles,
                    poesía, el pasmo
                    de la metalurgia
                    y el rayo parado.
                    Todo con buen orden
                    y vean, bailando
                    como el siglo manda,
                    sin perder el paso.

Los Caballeritos
de Azcoitia en la flor
rezan trabajando,
tejen luz de sol.

Los Caballeritos
y su cortesía
como un mecanismo
más de astronomía.
Las exactitudes,
la luz positiva,
y esas notas sueltas,
lejanas: las islas
sueltas por el clave
como gotas limpias.

Los Caballeritos
de Azcoitia: el honor
de cuantos luchamos
por algo mejor.

Los Caballeritos:
sus conversaciones.
El sol entre lluvia,
luz de sus balcones.
Sus nuevas ideas,
sus preocupaciones
que al fin se confunden
con nuestros dolores.
¡Azcoitia callada
entre mil temblores!

Los Caballeritos
de Azcoitia parece
que tan sólo juegan,
mas luchan a muerte.

Los Caballeritos
contra el espantajo
trabajan lo nuestro
siempre por lo vasco,
mueven lo posible
y explotan lo sano,
dan con razonable

luz en paz milagros.
Los Caballeritos
tranquilos, pensando.

Los Caballeritos
de Azcoitia en la nada,
ayer, esta tarde
de igualdades mansas.

Los Caballeritos
con lo suyo, andando.
Y así nuestra Industria
con su sobresalto.
Y así los cultivos
nuevos trastornando
la naturaleza,
y así humanizados
—maizales, pinares—
los antiguos campos.

Los Caballeritos
de Azcoitia. No sé
quién puede ponerme
mejor en el fiel.

Los Caballeritos
bailan el minué.
Componen figuras.
Las borran después.
No hacen nada; nada
parece el cortés
gesto con que bordan
o burlan la ley.
Media vuelta. Gracias.
Y al trabajo. Amén.

Los Caballeritos
de Azcoitia: el dolor
de los progresistas
dando corazón.

Paseos donostiarras (fragmentos)

1

DESDE ULIA

Melancolía. Infancia
perpetua. Las campanas
oídas desde lejos
ya entonces, aunque estaban
sonando en el momento
de una tarde dorada.
¡Momentos en suspenso!
¡Vibrátiles distancias!
Parece que no pasa
nada. Pero yo observo
en esta tarde en pausa
que no soy el que miro,
que soy el que miraba.

2

EL PASEO DE LOS FUEROS

Voy paseando el río
para llorar, para pensar,
a veces recordando
como por no acabar
y otras como las frondas
que tiemblan sin pasar.
Paseo de los Fueros,
y así fue, ¿y qué será?
De repente me siento
fantástico y real
con bastón, jipi y barba,
viviendo en otra edad.
Paseo fin de siglo,
¡ay hueca inmensidad

donde todo redobla
y así parece más!
Me quito el jipi, me quito
la barba y la dignidad.
Mas es inútil: yo soy
melancólico y real
como mi padre, que un día
me trajo aquí a pasear.

5

EL PASEO NUEVO

Voy vestido de blanco
por el Paseo Nuevo.
El semáforo, arriba,
dice lo que no entiendo.
Hay banderas, balandros.
Todo azul, como nuevo.
Pasan raudos, felices,
los últimos modelos
de novia o de automóvil
como pasa el deseo.
Hay barandillas blancas
y un disparo hacia el cielo.
Todo es un teorema
con solución: perfecto.
Es el júbilo total,
y es el más dado de menos.
La alegría de colores
y la luz como en suspenso.
La sorpresa en la muchacha
cuando un ángel le da un beso.
Las bicicletas que a veces
ya no ruedan por el suelo.
Todo es feliz, limpio y claro
como visto en un espejo.
El ángel encontró novia
y el sujeto su antiobjeto

mientras pasan por el aire
nubes y otros imperfectos.

Dos recuerdos de Jesús Olasagasti

1

LA ROMERIA DE IBAETA

«A visitar el Angel de Ibaeta
van el Pintor, la Musa y el Poeta.»

El cielo se descara. Nos da un susto de luz.
Se quita la chaqueta. Lleva camisa azul.

¡Tiran, tiran al plato! ¡Disparos! ¡Alegría!
Si le hirieran a un ángel se caería hacia arriba.

Me desafía el tiempo. ¿No es todo hoy como ayer?
He recogido el guante, ¡ay, vuelto del revés!

La Musa era más joven; tú, pintor, hombre al día,
y yo no flirteaba con la melancolía

cuando el Angel, feliz, nos unió en un abrazo
y fue como un milagro aquel uno de marzo.

¿Quién le ha visto y quién nos ve?
Fuimos uno. Somos tres.

2

DIGO JESUS OLASAGASTI

En el aniversario de su muerte.

Digo Jesús. ¡Jesús! ¿Es verdad que estás muerto?
Por las noches yo sigo conversando contigo

y tú eres el de siempre, respondes como amigo.
Digo Jesús —¡Jesús!—, y no hay nada más cierto.

Llorar sería fácil, mas no te gustaría.
Tú siempre procuraste remover en bandada
las aves de colores, salvando de la nada
un poco de belleza, locura y alegría.

Los hombres respetables, los buenos ciudadanos,
¿qué cuentan? Hoy te elogian conforme al reglamento,
mas tú escapas volando, ¡oh ciento, ciento, ciento!
Quizá sea un milagro. Quizá juego de manos.

No sé si fueron buenas o malas nuestras artes.
Pintura. Poesía. Vida, vida, ¡más vida!
Isla de soledad en una mar perdida:
amigo rodeado de Dios por todas partes.

Jesús Olasagasti, con este canto llano
que tú dabas por bueno, sin adornos te digo
como hace cinco años, muriéndome de amigo:
¡que el Angel de Ibaeta te lleve de la mano!

De negocios en tierra-muerta

1

En Covaleda, recuerdo,
yo, traficante en maderas,
hice los puercos negocios
normales de la posguerra.
En Hontoria del Pinar,
aunque era mala ladera,
y en Regumiel, donde el pino
es tan de miel y cera
que por quedarme con todo
casi le arruino a mi empresa.
De Nalaveno, no quise.

De Quintanar de la Sierra,
lo que pude. Catalanes
vinieron antes. ¡Paciencia!
En Duruelo no hallé acuerdo,
y lo sentí (¡qué madera!).
Para salir del apuro
me compré medio Vinuesa:
pino fofo, pino tonto
que arrastré como una pena;
pero mis vascos, obreros,
lo salvaron de condena
y trabajando, extrajeron
de esa podre, una riqueza:
manufacturas. Efectos:
consecuencias de conciencia,
productos así logrados
contra la naturaleza.

2

¡Cementerios castellanos
de Covaleda y Vinuesa,
muerta muerte y aburrido
golpear pena con pena!
Aguantar lo que así viene
y explotar lo que se pueda
fue lo vuestro; pero España
no perdona esa inconsciencia.
Vuestras ruinas, vuestro arrastre,
la caries en las almenas,
como no somos turistas
nos irritan y sublevan.
¡Textos del 98!
Cementerios, vean, vean.
Esto produce divisas.
Castilla es muy pintoresca.
Pero España no es Castilla.
Pero España se rebela

contra esa muerte exhibida
de pueblos y tierras secas.
Los catalanes, los vascos,
los hombres que el mar golpea,
los que viven inventando,
y cuantos callan y crean,
no dan por bueno ese ensueño
de una Castilla en su inercia.
Porque venimos del mar
y otra España es nuestra fuerza,
Castilla para hispanistas,
rechazamos tu leyenda.

3

En Covaleda, en Vinuesa,
donde todo se vendía
por unas cuantas pesetas,
donde los pobres idiotas
castellanos, como cluecas,
se encerraban recelosos,
negociaban su pobreza,
sin ver cómo, manejada,
podía ser su madera
algo más que el inmediato
comercio, me daban pena.
Me daban asco, me daban
conciencia de la tristeza.
¡Se creían tan astutos
y no entendían la buena!
Regateo, no trabajo.
Pensar cómo la materia
primera que así vendían
podía ser más riqueza,
exigía más esfuerzo
del que cabe en sus cabezas.
¡Castilla, o te conquistamos,
venciendo tu muerte muerta,

o acabarás por llevarnos
al «nada vale la pena»!

4

En Covaleda, recuerdo...
Y, sin embargo, hubo un hombre
que aquí murió como bueno,
y un amigo que aquí vino
para llorar el silencio.
Porque la muerte es la muerte
y como mucho, un recuerdo.
Esta pared: el terrible
eco del eco en lo hueco.
Es verdad. Y, sin embargo,
debemos seguir viviendo,
proyectándonos futuros,
diciendo que no a los hechos,
protestando de Castilla,
siempre dándole un suspenso
por su luz de indiferencia,
aunque suspenso en lo eterno.
Yo andaba por Covaleda
golpeando un mundo muerto,
y allí cerca, un buen amigo
movía lo vivo, quieto.
¿Para qué nos esforzamos?
Para que vengan a vernos
como un día hacia su padre
entró en este Cementerio
un hombre vestido en llanto
cuyo nombre no recuerdo.

De *Dirección prohibida*
(1973)

Episodios nacionales (fragmentos)

Un trueno subterráneo.
Un temblor bajo los pies.
No se sabe
dónde pisar seguro
para poder erguirse,
y respirar,
y ser.

Parece que siempre
sigue trepidando no sé dónde
—¡los Caproni, los Caproni!—
un zumbido sordo,
ciego, estúpido, terrible.
¡Ay los ojos de los niños muy abiertos,
más grandes que el cielo!

¡Recuerdo! No he perdonado
los gritos de esos niños asustados.

No he podido
cerrar nunca en mi conciencia
sus ojos estupefactos
que miraban sin creer lo que veían,
hacia arriba.

¡La vergüenza de sentirme tan inútil
y la rabia
de morir como un Cristo no cristiano!
Ese horrible zumbido en mi cabeza
que perdura mientras ando
como todos en el caos,
derivando.

… … … … … … … … … … … … …

De pronto, despierto
sudado, jadeando:
—«Túmbate, Juancho!»
Sentado en la cama,
igual de angustiado
que aquel seis de marzo:
—«¡Túmbate, Juancho!»

Y Juancho tocado,
hecho un estropajo,
allí, a cuatro pasos.
Si hubiera gritado
diez segundos antes
le hubiera salvado:
—«¡Túmbate, Juancho!»

Y una noche, y otra,
esta misma angustia.
Y una noche, y otra,
ver que me lo matan.
Y una noche, y otra,
gritar con retraso:
—«¡Túmbate, Juancho!»

Recorro la casa
arriba y abajo:
me siento en el hall,
a oscuras, pensando;
toco las paredes;
salgo a la terraza
y escupo a los astros.

¡Sólo diez segundos
hubieran bastado!
El peque creía
que estaba jugando.
¿Estoy en pecado?
¿Por qué cada noche
tengo que explicarlo?

¡Maldita mañana
de aquel seis de marzo!
Si hay que perdonar,
yo no he perdonado.
¡Y que me condene!
Más vale el infierno
que olvidar a Juancho.

Juancho que venía
rubio y avispado
desde el caserío
trayéndonos talos
de maíz, y leche,
y sus nueve años,
y sus ojos claros.

¡Eup, eh!
—«¡Túmbate, Juancho!»
Lo mejor es no pensar.
—«Yo no me puedo quejar.
Tenía un hijo en el Dueso
y ahora gracias a un amigo
lo han trasladado a Alcalá.»

No se comprende nada
o se entiende demasiado.
Tantas estridencias,
timbres, focos, telegramas,
títulos de diarios con letras como patos,
convierten la limosna más canalla
en un regalo.

¡Eup, eh!
Todos vamos en el tren
de un pasado que nos lleva
sin por qué, ni para qué.
¡Eup, eh!
Uno trata de cambiar
mas es siempre aquel que fue.

Y fue en la estación de Burgos.
Un quinto recuperado,
hecho un ovillo de harapos,
estaba en sueños cantando:
—«Los cuatro generales...»
Un patilludo barato
de uniforme, se le planta:
—«¿Qué es eso que está cantando?»
—«Perdone usted, señorito,
estoy un poco borracho,
¡y como hace aún tan poquito
que ustedes me liberaron!»

¡Las canciones, ahí está,
no se pueden arrancar!
Suenan, y suenan, y suenan.
Nadie las puede olvidar
cuado brotan, arrastrando
más que razones, verdad.
Entre sueños, entre palos
que las quieren acallar,
las canciones cuando cantan
siempre cantan libertad,

y levantan la alegría
del que quiere respirar.
… … … … … … … … … … … … … …

Así me decía Otermin
y vaya el caso entre ciento:
—«Cuando fui recuperado
en Asturias, por aquello
de que había pocos barcos
y "las señoras, primero",
tiré al mar mis tres estrellas
de oficial de complemento,
y traté de navegar
como permitía el viento.
Por aquello de que era
Bachiller, me convirtieron
de preso en sorchi y después,
si no en fascista, en sargento.
Me destinaron a Burgos
—y esto sí que fue algo bueno—,
me encargaron la instrucción
de ochenta soldados nuevos
recuperados de Euzkadi
que, al verme, casi rieron.
Eran los mismos que un día
llevé al ataque: ¡Mis buenos!
Altube, Olaso, Echenique,
Mendía, y «El Extremeño»,
que aunque venía del Sur
no parecía un maqueto.
Cuando me vio Luis Aguirre
me echó los brazos al cuello:
—"¡Mi capitán, qué alegría
ver que está usted salvo y bueno!"
Le enseñé mi bocamanga
y le dije: —"Soy sargento".
¡Nunca en mi vida he sentido
tal vergüenza y desconcierto!
Porque estaba allí, desnudo,

ante ochenta de los buenos
que podían condenarme,
y en conciencia, con un gesto.
Pero todos se callaron
porque todos comprendieron.
¡Para que luego me digan
que no fui un capitán bueno!»

A veces, los hombres,
en la fraternidad viril ante la muerte,
son limpios,
son enteros.
Entonces se comulga con el pan y con el vino
que nos dan, aunque hambrientos,
y se sabe lo que es bueno.

Pero otras veces nos miran
sin conocernos
y en el corazón del trueno
reina un enorme silencio,
un extraño silencio,
y entonces hasta el vuelo de una mosca
da miedo.

Se lo explicaba a un amigo:
—«Un día, Jorge Tejero
se puso a dar alaridos.
Taladrante y absurdo,
gritaba gritando gritos.
No era el miedo que todos
alguna vez mordimos.

Era cósmico y grotesco
lo inhumano o lo divino.
Le di cuatro bofetadas
y entonces, lento, él me dijo:
—"Si grito es porque si no
el silencio hace más ruido."»

El ruido del peligro,
el ruido sin sonido,
la tensión de las horas en alerta,
la nada giratoria.
¡Eup, eh!
Hay que seguir. No hay que pensar.
¡Eup! ¡Ay!

Me repuso mi amigo:
—«Un día, Maldonado
se nos puso a dar vueltas
de vértigo, en el cuarto,
primero pensativo,
después como alocado,
cada vez más de prisa,
cada vez más cerrado.
Parecía una broma
primero, pero al cabo
se nos volvió un derviche
giratorio y malsano.
—"¿Estás loco?"
                          Lo estaba.
Creía que aquel cuarto
daba vueltas y sólo
llegaría a pararlo
dando al revés las vueltas
de ese vórtice de espanto.
Cuando al fin fue descubierto
su escondite, no encontraron
más que un loco que no pudo
ser, como un hombre, juzgado.»

La cabeza entre las manos,
los codos en las rodillas,
y los pies
sobre un suelo que trepida sin descanso,
estoy pensando.
¡Si cupiera extraer algo salvable

de este espanto,
algo normal y enunciable!
… … … … … … … … … … … … … …

Recuerdo que en el Gorbea, los cazas enemigos
volaban tan bajito y a mansalva
que, sabiendo todo inútil, les tirábamos piedras,
como chicos, jugando.
Y ellos, también jugando, no nos ametrallaban,
nos mataban a tiros de fusil, de uno en uno,
como quien caza gamos.

En la guerra es peligrosa
la más leve distracción.
Cuando Perico Pacheco
entró en Azaila, encontró
lo que menos esperaba:
un libro sobre Rimbaud
tirado en una chabola.
Leyendo, se apasionó,
y cuando ya atardecía,
el Tabor número dos
había reconquistado
Azaila y su derredor.
Como los moros traían
miedo disuelto en alcohol,
a Perico le caparon,
y para más diversión
le colgaron de un olivo,
hecho brincos de dolor.
Ante un blanco tan difícil
que invitaba a emulación,
se apostó entre Abdul Sabbaj
y Mohamed Ben Berión.
Le dispararon por turno
pero no hubo vencedor
porque Perico Pacheco,
según el juez advirtió
seguía con sus calambres

después del sanseacabó
y nunca se supo cuándo
en verdad, en verdad, murió.

¡Terrible, señor! ¡Horrible, señora!
Usted perdone
si mis versos directos le ocasionan molestia.
Sin embargo,
considerando que el hombre se vuelve inhumano
normalmente en la guerra,
dejemos en suspenso los gritos de protesta.

¿No ha matado usted? ¿No está usted manchado?
¿Nunca le ha atacado
esa corrosión de la guerra en bruto?
Entonces, perdone,
no va usted a entenderme,
y por otra parte, no quiero ofenderle.
Salte estas estrofas si insiste en leerme.
... ...

Uno va, viene y vuelve,
trata de escapar,
busca solamente que le dejen en paz.
No entiende si le hablan.
No quiere ver nada.
No quiere recordar.
¡Ay, si fuera posible también no pensar!

A veces, parece
porque hay que vivir,
y hay que trabajar,
y en este barullo de lo cotidiano,
uno busca excusa —¡no tengo un minuto!—,
y en sus ratos de ocio y de pleno olvido,
se siente un recién nacido.

Cuando estaba tomando
un Martini, tan contento

porque sí, por nada,
porque vivir es lo bueno,
y es lo normal, o el demonio,
no pensar en tal momento,
se me acerca por sorpresa
un tipo tosco y moreno
que me palmea y me dice:
—«Usted y yo nos conocemos.
¿Fue en el frente del Sollube?»
Yo pongo cara de memo.
—«No me explique. Yo lo mismo.
Hay que vivir con el tiempo.
¿Cree que voy a denunciarle?
¡Cosas de chicos! Apuesto
a que usted está ganando
como Dios manda, dinero!
¿Dónde trabaja? Me acuerdo
de que usted era ingeniero.»

Habría que gritar desde el origen
y aullar en soledad
como un animal
para expresar el asco, la cólera y el miedo
de quienes siguieron viviendo aunque vencidos.
Habría que quemar nuestras gargantas
porque las palabras son pese a todo humanas.
… … … … … … … … … … … … … … … … …

—«Y el que no gana dinero,
debe ser porque no vale.
No me dirá que hoy en día
faltan oportunidades.
La guerra, quitando ideas,
tiene algo de saludable.
Desgracias, claro, no faltan,
¡pero qué barbaridades
tan hermosas cometimos
por jóvenes y vitales!

¡Qué deporte! En esa escuela
se forjaron las verdades.»

¡Verdades! ¡Vaya verdades!
Las de los años cuarenta con sus buenos estraperlos.
Cuando surgió un gran problema:
Camuflar los beneficios excesivos.
Ya lo decía el gerente de una empresa de alto bordo:
—«¡Esto agota al más entero! ¡Si supieran los obreros
lo que es trabajar en serio!»

¡Eup, eh!
Hay que vivir. Hay que comer.
Hay que beber y —¡diablo!— si es posible, arder.
Hay que trabajar.
¡Obrero, no cejes! ¡Obrero, produce!
Cree en tu director.
Y ¡oh Señor, bendice Tú al trabajador!

¡Ah, los buenos negocios!
Por ejemplo, importar pino rojo de Suecia.
Pero había que comprar a un funcionario,
había que vender el alma al diablo,
había que lograr un «navycert»,
y una vez recibido el cargamento,
había que venderlo, con riesgo, de estraperlo.

¡Eup, eh!
   «Yo no tengo ideas. Soy sólo un comerciante.»
—«¡Eh, eh!
No se fíe de Ribot. No debe andar muy bien.
Sólo tiene una querida y antes tenía tres.»
—«¿Y si diéramos una prima en Navidad
para que los obreros no hablen más de su jornal?»
… … … … … … … … … … … … … … … … … …

Cuando me moría, cuando parecía
que nada podría contra ese perdón
cínico y triste del cero fatal,

vi más.
Vi a los que trabajaban.
Vi a los que luchaban.
Vi a los que erigían con fe su mañana.

Vi el mundo real.
Vi en las resistencias irse haciendo al hombre.
Vi en lo retorcido
el dolor que acaba
por ser el motor de una luz que avanza.
Vi lo que es el hombre
en este o aquel hombre muy concreto.

León Sánchez,
de oficio carpintero,
vivió y vio
lo verdadero.
Cuando se dispersaron
todos sus compañeros
siguió luchando,
siguió creyendo.
Buscó en tajos y talleres
a los enteros
y les habló
de un mundo nuevo.
León Sánchez
reunió lo disperso.
León Sánchez
dijo España.
León Sánchez
levantó la esperanza.
León Sánchez, creyendo
en lo hombres reales
y en su tierra activa,
trabajó en lo realizable.
León Sánchez tomó
su fe, tomó
su valor operante,
y fue un hombre hacia adelante.

León Sánchez
unió a sus compañeros,
organizó la luz,
armó al sin esperanza,
levantó una victoria,
puso un motor en marcha,
hizo con su trabajo,
matinal, la alegría.
León Sánchez nos puso
en la lucha y el canto,
en la unidad del hombre,
en el acto.
León Sánchez
está ahora encarcelado
pero, libre, invencible,
vive en otros luchando:
¡En tantos que, hasta el aire
suena a «muchas gracias, Sánchez»!

¡Oh la continuidad de la esperanza!
En donde algunos faltan, ya hay otros trabajando,
y es rítmico el latido, y es continuo el empuje.
Las resistencias tensan
el sistema secreto de la luz temblorosa.

Hay que empezar, es verdad.
Hay que borrar los recuerdos que aún arrastran hacia
Hay que andar con los muchachos   [atrás.
que ignoran, felices, nuestro horrible pasado,
y abrazar
a los que nos mataban y quisimos matar.
Hay que dialogar.
... ...

De *Buenos días, buenas noches*
(1976)

Lo *neutro*

A veces, cuando me pierdo,
siento una cosa rara. Digamos: la belleza.
¿Belleza? Palabra vana.
Digamos, no belleza, digamos la indiferencia
con que se admite todo.
Digamos, la aceptación que lo vuelve todo hermoso.
Digamos cómo la risa se funde con el sollozo.
Digamos cómo lo chico y lo grandioso es lo mismo
y cuánto cuentan las olas que al romperse no hacen ruido.
No es el amor. Es la paz
neutral del ritmo de mundo:
La dulce luz de lo nulo.

Proclamación

¿En qué César o en qué Nixon
terminaría usted

si de pronto su querer fuera un poder?
¿Qué pediría usted al mundo?
¿Qué intentaría imponer?
¿La paz? ¿La libertad?
La paz sería tan sólo su descanso personal
y el silencio así ganado
mortal.
La libertad sería la de un todos que no es alguien
y en nombre de la igualdad
seguiría y seguiría
sin acabar.

Si yo fuera un César
proclamaría el desorden, la anarquía,
el derecho a ser idiota
y como primera virtud ciudadana dictaría
la explosión de la risa:
La risa a todo trapo frente al orden,
frente al César, frente al mundo, frente a mí,
frente a ti que me miras con cierta ironía.

La risa obligatoria, ¿no da risa?
Sí. Es el cero.
Lo que da vueltas y vueltas sin un centro.
Lo terrible. Lo absoluto,
el miedo trascendental que prolongan los ecos
sucediendo sin conciencia,
matando y muriendo:
                              Riendo, riendo.

La brisa

Cuando parece que nada significa ya nada,
nos queda una alegría:
La falta de sentido:
                              la brisa.
Todo parece suelto y es sin ser:
Vibra.

Se parece en lo absoluto a una dicha no dicha,
llega al límite del hombre
mortal de cada día,
y rompiendo sus fronteras nos descubre que podemos
ser otras criaturas, tener otras razones,
reinventar la vida.

¡Transparencia de la brisa,
campo sin centros concretos,
onda del mundo en que todos vamos desapareciendo,
vestidos de blanco, con sombrero de paja,
y, ligeros, sonriendo!

Satori

Los hombres hormiguean. Se cuentan de uno en uno.
Se imaginan distintos pero son siempre el mismo.
Por eso se matan.

Los hombres pululan. Mienten y se disfrazan.
Son seres indistintos en un campo conjunto.
Por eso se aman.

Los hombres enloquecen sumidos en un sueño.
Imaginan y atacan. Son tontos y agresivos.
Por eso tienen miedo.

Los hombres, ciertos días, viendo pasar las nubes
se olvidan de sí mismos, y se dicen: «¿quién vive?»
Entonces, son felices.

Preparación para la buena muerte

Cada vez duermo más horas.
Ya he pasado de las siete a las catorce.
Llegaré a las dieciocho. Luego, a las veinticuatro.

Entonces me habré muerto sin sentirlo
como un santo.
Y eso no me gusta nada porque apesta a cristiano.

Lo vasto

Azul, azul abierto sin principio,
sin fin y sin mayores consecuencias:
vacío, eres la luz donde transcurro yo, nadie.
Se escuchan a veces explosiones, sucesos
y parece que uno existe.
¡Qué ilusión! No, no, no existo.
¿Quién recuerda en la igualdad mi personal delirio?
La luz sólo es la luz estupefacta,
un ojo sin mirada, un éxtasis no humano,
y no tiene sentido que uno intente
decir cuál es su edad o cuál su nombre.
No, nada lo prohibe, simplemente
a todos nos da risa, sólo risa
pensar que es numerable esa presencia.
¡Azul, azul, oh círculo sin centro!

Insectos

Calor blanco de estío. Y un enjambre resonante
de mínimos que chocan sin conciencia,
se transforman uno en otro, se confunden,
y más allá de la unidad centrada
hierven efervescentes, y se pierden.

Tarde tórrida de Agosto poblada por la ausencia
de los múltiples inquietos, rumorosos
que son pero no son. ¡Ay, sin embargo
esa vida feroz, sin centro, sigue!
Es un vuelo nupcial hacia la muerte.

El hombre fue barrido hace ya tiempo.
Ahora presenciamos la muerte del insecto.

Y un éxtasis total y destructivo
permite descubrir, eco en lo hueco,
la belleza vacía: El ¡oh! del cero.

En la luz abierta

Con los ojos limpios
veo la nueva primavera,
la mañana absuelta.
Con los ojos lavados de pensamientos,
la alegría es otra vez lo que comienza
sin ideas,
la locura feliz, lo que se estrena.

Allí está el mar. Mira el mar.
Los pinos tiemblan
aquí, que no, que sí.
La brisa me envuelve, vuela mi camisa
y un frescor me anima.

Con los ojos cerrados
pienso en mis queridos amigos muertos
que no viven esta dicha.
Con los ojos abiertos
mi sonrisa riza la melancolía.

La vida es ancha

Con todo mi dolor metido dentro
me he asomado a la ventana.
Allí fuera parecía que no pasaba nada.
Los árboles temblaban levemente
y el río, aunque charlaba, no explicaba.
Las estrellas fulgían sin declararse heridas
y la noche parecía una música callada.
Era mentira. Ya sé. Todo me mentía,
si no serenidad, indiferencia.

Pero el que yo gritara mis pequeñas miserias
ante lo inmenso… ¡mira! ¡Qué vergüenza
creer que mis problemas son cosas medio serias!
No encontraba la paz sino la risa
de un mundo sin sentido y una explosión perpetua.

Iluminación

El mar debería verme.
No me ve. Mas yo lo veo
gris plomo con su extraña pizarra verde.
No sé.
Los pinares se pierden en la niebla.
El Noroeste me azota.
Pensar es imposible.
Pero en este momento
¿quién podría enseñarme más que lo que sé?

Hacia dentro

Un centro perforante. Se entra. ¿Cómo se sale?
Allí fuera una extensión crece a más para nada.
Aquí dentro, un laberinto: caminos inacabables,
desajustes que nos mueven a compensar sus defectos
y al no moverse, a movernos; y a entrar así en otro espa-
                                                    [cio
que producen, sin saberlo, nuestros propios movimientos,
y no son espacio externo sino un dentro en nuestros den-
                                                    [tros.

Así vamos, laberinto, dando vida a la serpiente,
desplegando y envolviendo nuestro último secreto,
el nido de nuestra tumba, y un mortífero veneno
que en la lengua de mis versos no es el odio sino el miedo.
Pues el terrible enemigo sólo es un niño pequeño
que quisiera que su tumba la sellaran con un beso.

Terror de lo abierto

Laberinto de fuera,
                    figuras, rodeos;
laberinto de dentro,
                    focos, espejos.
¿Qué se descubre?
                    El espacio sin centro,
la conciencia sin nadie
                    y el mundo al cero.
No hay vigilante.
                    No hay nadie en medio.
¡Terror! Es el espacio
                    simplemente abierto.
Se grita. Y es terrible,
                    no hay eco.
Y uno vuelve a la cueva
                    y al miedo,
y a hablar consigo mismo
                    del cero-cielo.
Laberinto final: Serpiente
                    del pensamiento.

La cabaña

Donde termina el mundo: Alta montaña, cascada,
la soledad retumbante entre las peñas azules
y el torrente atropellado día y noche;
los ecos en lo hueco sin distancias
y el agujero sorbente del cielo arriba, girando.

¡Ah!, frente al caos que ni siquiera es caos
pues parece de materia suficiente,
en medio de espejismos y de alucinaciones,
construyo mi cabaña chiquititamente humana,
y aún más, me apelotono buscando un escondrijo,
y un calor animal, y un mundo recogido.

Consejo mortal

Levanta tu edificio. Planta un árbol.
Combate si eres joven. Y haz el amor, ¡ah, siempre!
Mas no olvides al fin construir con tus triunfos
lo que más necesitas: Una tumba, un refugio.

Fábula

Su vida sólo fue miedo loco a la muerte.
Permanecer al margen de las frescas corrientes,
inalterable, eterno, quiso tan locamente

que ya en su juventud pensaba en un cobijo
donde, después de muerto, yacería escondido
y fuera del alcance de cualquier enemigo.

Construyó un laberinto lleno de falsos centros,
de puertas dobles, trampas, pasadizos secretos,
y en lo que parecían salidas puso espejos.

No se sabía dónde, mas en un sitio oculto,
protegido del tiempo, protegido del mundo
y de toda mirada, colocó su sepulcro.

Concluida la obra decidió duplicarla.
Construyó un laberinto que era réplica exacta
del que ya construyera. Y otra tumba sellada.

Como un azar amable le otorgó larga vida
aún le quedaron años, que empleó, no sin prisa,
en repetir su obra, siempre igual a sí misma.

Eran setenta y tres laberintos iguales,
y eran setenta y tres falsas seguridades,
pero aunque se ignorara en cuál de los lugares

reposaría al fin, y también se decía
que había un laberinto que no se conocía,
construido en secreto, llegó un aciago día

en que pensó alarmado que el único escondrijo
oculto de verdad, sería sólo un sitio
que por no señalado con algún laberinto

no sería buscado por hombres ni por diablos.
Y en verdad no se sabe dónde fue sepultado.
Ni siquiera se sabe si es que le enterraron.

Epílogo

Y al fin reina el silencio.
Pues siempre, aún sin quererlo,
guardamos un secreto.

Indice

De *La soledad cerrada,* de Rafael Múgica [1947]

De *Objetos poéticos* [1948]

De *Movimientos elementales* [1947]

De *El principio sin fin* [1949]

De *Se parece al amor* [1949]

De *Avisos de Juan de Leceta* [1944-1946]